WAC BUNKO

「日本の歴史」
5
明治篇

世界史に躍り出た日本

昇一

WAC

渡部昇一『日本の歴史』第5巻　明治篇

世界史に躍り出た日本

●目次

第1章　世界史から見た明治維新

第2章　指導者《リーダー》たちの決断

第3章 明治日本の外交政策

第4章　明治憲法の意義と危うさ

第5章　日清戦争の「義」

第6章　ロシアの脅威と日英同盟

第7章　大帝国ロシアを倒した日本人の叡智《えいち》

第8章 世界史を変えた日露戦争

第9章 日韓併合の実情

装幀／神長文夫＋柏田幸子

第1章

世界史から見た明治維新

白人に屈しなかったアジア唯一の国

世界近代史上における明治維新の意義を一言で言えば、それまで白色人種の独占物と思われた西洋近代文明を、有色人種も身に付けることができることを示した点にある。

明治維新の頃の世界において、白人の力はまさに圧倒的なものがあった。

コペルニクス、ガリレオに始まり、ベーコン、デカルト、ニュートンたちを経て、産業革命を行い、進化論を科学にした十九世紀の白人世界に比べると、有色人種の世界はコペルニクス（日本で言えば、応仁《おうにん》の乱〈一四六七年〉の頃に生まれ、種子島《たねがしま》にポルトガル人が鉄砲を持ってきた一五四三年に死んだ）の時代からほとんど変わらないでいた。十九世紀後半ともなれば、白人世界と有色人種世界との差は程度の差ではなく、質的な差であった。白人たちは自分たちのみが突出して進化していると確信していたし、それを有色人種も認めるに至っていた。

強力な武器を持ち、精妙な機械を操《あやつ》る白人の姿を見たとき、日本人以外のすべての有色人種は絶望感を抱いた。それは、「逆立ちしてみても白人には追いつけない。彼らにかなうはずはない」という諦《あきら》めの心境であった。

もちろん、長い歴史と文化を持つインド人も、シナ人も、トルコ人も、白人の支配に対して唯々諾々《いいだくだく》と従ったわけではない。

インドでは一七五七年にプラッシーという村で、六万のインド勢がロバート・クライブ指揮のイギリス兵三千と戦った（プラッシーの戦い）。この時にインド兵が粉砕《ふんさい》されたことは、ベンガル（注1）の運命を決した。また、それからちょうど百年後の一八五七年にはベンガル兵の大蜂起が起こっている（セポイ〈現地人傭兵《ようへい》〉の反乱）。だが、これもインドの支配権がイギリス東インド会社（注2）からイギリス直接統治に移るという結果を招き、インドの植民地支配はさらに確実になった。

また、シナでは一八四〇年にアヘン戦争が起こっている。清《しん》国の財政と国民を脅《おびや》かすに至ったアヘン密輸を禁ずるため、実力行使に踏みきった清国に対し、海軍を利用したイギリスは広州《こうしゅう》や上海《シャンハイ》を攻撃し、南京《ナンキン》も攻略しようとした。これを見た清国は屈して、半植民地になるような条約を結んだ。アメリカやフランスが、これに便乗《びんじょう》したのは言うまでもない。トルコも一五七一年にレパントの海戦（注3）でスペインやヴェニスなどのキリスト教圏の連合艦隊に敗れてから、その帝国の版図《はんと》を失い続けることになった。

このように、インドやシナやトルコにおける白人の侵略に対する抵抗は、基本的には西洋に対する拒絶反応であって、彼らのような文明をわが物にしようという動きは起きなかった。そのため、白人に反抗するたびに徹底的にやられて、ますます白人の支配力を強めてしまう結果になったのである。

そこに現れた例外が日本人であった。日本人は卓越した西洋文明を見て、「あの知識と技術を学びたい」と心から思い、しかもそれを実現してしまった。それこそが世界史における明治維新の意義なのである。

もちろん、日本人が西洋文明を見て絶望感を抱かなかったのには、いくつもの原因がある。戦国時代以来、日本人の知力が不断に進展し続けていて、それを受け容れるだけの素地があったことは、最も大きな要因と言えるであろう。

たしかに、江戸時代は二百五十年以上にわたって鎖国が実施され、外界からの刺激が少なかったから、西洋のような機械文明の発達は起こらなかった。しかし、それ以外の分野においては、日本は決して世界に遅れてはいなかったし、経済や数学などでは、むしろ世界のトップ・レベルに達した部分も多かった。ここでは詳しく触れないが、大坂の堂島米会所《どうじまこめかいしょ》（享保《きょうほう》十五年＝一七三〇年開設）では西欧よりも早く先物取引《さきものとりひき》が実施されていたし、また関孝和《せきたかかず》とその弟子たちは、ドイツのライプニッツやイギリスのニュートンと同時期に微積分《びせきぶん》の概念に達していた。

このような知力の発達があったため、幕末にペリーが黒船《くろふね》で来航し、西洋文明の力を初めて間近に見たときでも、日本人は決して絶望感を抱かなかった。それどころか、むしろ好奇心を抱き、それを自家薬籠中《じかやくろうちゅう》のものにせんという気を起こしたのである。

（注１）**ベンガル**　現代のインド西ベンガル州とバングラデシュ（旧東パキスタン）を含む地域。

（注２）**東インド会社**　イギリス、オランダ、フランスがそれぞれのアジア貿易のために設立した独占的特許会社。貿易のかたわら植民地経営を行った。

（注３）**レパントの海戦**　一五七一年十月にギリシャのレパント沖で行われた、オスマン帝国海軍と教皇、スペイン、ヴェニス連合海軍との戦い。奴隷の漕手によるガレー船を主力とする最後の海戦となった。

黒船をすぐに造ってしまった日本人

黒船の来航については、次のようなことが言われている。

「黒船に乗った白人は世界中に行った。しかし、黒船を見た途端に、自分たちで黒船を造ったのは日本人だけだ」——と。

司馬遼太郎《しばりょうたろう》も書いているが、黒船が来たのを見て自力で黒船を造った藩が三つあった。島津の薩摩藩、鍋島《なべしま》の佐賀藩、伊達《だて》の伊予宇和島《いようわじま》藩がそれで、黒船来航から僅かの期間で、蒸気で動く船を造ってしまった。別に白人の指導を受けたわけではない。「蒸気で動く船」というヒントと、造船に関する幕府の規制が緩《ゆる》んだという状況だけあれば十分だったのである。

もちろん、イギリスやアメリカの船と同じような立派なものであったわけがない。しかし、それまで長年続いた幕府の禁制があったため、自由な発展ができなかった自然科学の分野においても、当時の最先端技術である蒸気船が自力で造れるほどに人知が進んでいた、ということが重要である。

また、日本人は下田と箱館《はこだて》の開港を決めた日米和親条約締結（嘉永《かえい》七年＝一八五四年）の前後、しばしば黒船を訪ねている。そのときの様子をアメリカ人が書き残しているが、当時の日本人の知力の高さが窺《うかが》えて、大変興味深い。

アメリカ人たちは、「野蛮国」の日本人がさぞや驚くであろうと、最先端の機械などを次々と見せる。ところが、一向に日本人は驚かない。興味深そうにはするのだけれど、驚きの様子がない。また、見たものには何でも触ろうとする。「こんなに何でも触りたがる人種は他に見たことがない」と、アメリカ人が呆《あき》れるほどであった。そして要所要所では、懐《ふところ》から帳面を取り出してスケッチをしたという。

ざっと以上のような記述があるが、これほど幕末の日本人の特徴を鮮やかに示している言葉はないのではないか。

これを、当時の日本人の側に立って説明すれば驚かないのは当然の話で、すでに西洋の文物はあらかた書物で読んで知っていたのである。それに根底には、「自分たちだって造ろうと思えばすぐにできる」という自信があったから怯《ひる》んだりもしない。ただ、実見するのは初めてだから興味津々《きょうみしんしん》であっただけの話である。

そして次に、本で読んだものと違いがないか、あるいは実際にはどんな材料で造っているのかを確認したくて、触って確かめた。次いで、そうやって見たり触ったりすると、ここかしこに面白い工夫がなされていることに気づいたため、それを帳面に写したというわけである。

福沢諭吉《ふくざわゆきち》なども、外国に行って自然科学の産物をいろいろ見せてもらったけれども、それ自体に驚くべきものは何もなかった、ということを書いている。

こんな形で西洋文明と対面した有色人種の国は日本以外にないということに、我々はもう一度、注目したいと思う。

外国の援助を断った幕府と薩長の知的レベル

自然科学の面において、日本人が全部理解できる状況にあったのは、もちろん長崎の出島《でじま》を通じてオランダからの情報が入っていたからである。しかしもっと重要なことは、僅かに入っていた国際状況の情報から、当時の白人たちの考えていることまで分かるほどになっていた、という点である。

たとえば幕末、フランスは幕府に非常に肩入れして、武力援助を幕府に申し出ている。また、イギリスは薩摩や長州に親近感を持って、彼らを援助しようと申し出ている。ところが幕府も薩長も、外国からの援助の申し出を断った。

もちろん、幕府と薩長は戦争をしているわけであるから、ともに相手に勝ちたい気持ちは山々である。だが、ここで外国の援助を受け容れるわけにはいかない。なぜなら、自分たちが勝ったにしても、戦争のあとに諸外国が、つまり列強が代償として「この港をよこせ」「あの島を貸せ」と無理難題を吹きかけ、最後にはインドやシナのように植民地にされるに決まっている、と分かっていたからである。つまり、ちゃんと相手の手の内が読めていたのである。

なるほど、歴史を学んでいる今日の我々にとっては、イギリスやフランスがそういう意図を持っていたことはよく分かる。しかし、その時点での当事者となったとき、はたして分かるかどうかは大いに疑問である。

現実には、白人の手の内が読めなかった国のほうがずっと多かった。そういった国は多くの場合、植民地にされてしまったのである。インドがイギリスによって植民地にされたのも、同じ民族の内紛《ないふん》につけこむ白人の手口が分からなかったことが大きな原因であった。

明治維新が成功し、国家としての独立を守りえた基本要件として、私は日本人のこの知力の高さにまず注目したいと思う。

「すぐ欧米に追いつける」というイメージ力

さらに特筆すべきことは、末期の幕府や明治政府が多数の留学生を海外に出したということであった。明治政府などは、その人物がかつて倒幕派《とうばくは》であったか佐幕派《さばくは》（幕府支持派）であったかを問わず、能力本位で留学生を派遣したほどで、海外留学にはじつに力を入れた。

いまでこそ、留学生は世界中に満ち溢れている。だが十九世紀末の段階で、非白人国として留学を政策として本気で考えた国は日本だけであった。あとで詳しく述べるが、シナ人にはこういう発想は生まれなかったし、インド人も然《しか》りであった。

ところが、日本人は実際に留学を実践したばかりか、大いなる成功を収めた。この点が明治維新の成功を考えるうえで、きわめて重要なポイントと言えよう。

では、なぜ日本人のみが留学ということを考えついたか。もちろん、聖徳太子《しょうとくたいし》の遣隋《けんずい》使《し》以来、外国に勉強に行くという伝統が血肉となり、日本人の頭のなかには絶えずあった、ということもたしかにあるであろう。だが何より重要なことは、頭のいい者を海外に送り出して勉強さえさせれば、すぐ彼らに追いつけるはずだという確信が、その前提にあった点にある。

仏教のように内容の深遠な哲学を持つ宗教をもよく消化・理解し、大陸にもない大寺院（東大寺《とうだいじ》）を建て、大仏像（自然の岩壁などに彫刻した磨崖仏《まがいぶつ》でない）を鋳造《ちゅうぞう》した。奈良時代にすでに、日本人の先祖は仏教において、それを伝えてくれた国に目に見える形で追いつき、かつ追い越したことを示したのである。その「刷り込み」があって、鉄砲でもすぐ追い越したし、その「刷り込み」がまた維新の留学制度に連なったと言えよう。

幕末・明治の人々は、それこそ欧米先進国との工業技術の差の大きさに愕然《がくぜん》とした。その象徴的な出来事が、浦賀《うらが》にやってきた黒船であったことは間違いない。

しかし当時の日本人たちは、愕然とはしたけれども絶望はしなかった。「我々は鎖国の平安のなかで寝すぎただけだ」という、いわばウサギとカメの競走での〝ウサギの後悔の心〟にも似た心境であった。

だからこそ、すでに述べたように、あっという間に黒船を自作してしまう藩が現れたのである。これを可能にしたのは、知力の高さは言うまでもないが、それ以前に「もはや欧米諸国には追いつけない」という絶望感を微塵《みじん》も感じなかったからにほかならないだろう。これは日本人の心のどこかに、戦国時代の鉄砲は世界中のどこに出しても恥ずかしくないものだったという記憶があったからではなかろうか。

別の言葉で言えば、イメージの問題と言うことができよう。すなわち、日本人の心のなかにあった西洋文明のイメージは、挑戦不可能なほどに険《けわ》しい山というよりも、少し我慢すれば登れる程度の山だったのである。しかも、その山頂に登り詰めた自分の姿をもイメージしていたのだが、これは鉄砲の体験による自信がやはり大きかったと思えるのである。

さらに、世界中の有色人種のなかで、西洋文明に対し、当時、そのようなイメージを持っていた民族は日本人のほかにはなかったと断言できる。日本人以外の有色人種は西洋文明に対し、自らは挑戦不可能と思うか、あるいは反発心のあまり、西洋文明を全面否定したり逃避したりするような態度を採った。

このように、イメージが民族の運命を分けるということで言えば、今日の日本が他に先んじて電子技術王国になりえたことも、その一例に当たるだろう。

それは、ロボットに対するイメージが、日本と欧米諸国ではまったく違ったからである。日本人は「鉄腕アトム」「ドラえもん」に象徴されるように、ロボットを人間のよき仲間とイメージしてきたのに対し、欧米人は「フランケンシュタイン」や、チェコの作家カレル・チャペックが戯曲「R.U.R.（ロボット）」で描いたロボットのような、邪悪なイメージでこれを捉《とら》えていた。そのために、ロボットの活用において欧米は二歩も三歩も遅れることになり、日本は完全無人化工場で半導体を造れる最先進国になりえた

（詳しくは第7巻『戦後篇「戦後」混迷の時代に』を参照されたい）。その後、世界中が日本の真似をしたのである。

まさにイメージの力には、恐るべきものがあると言わねばならない。

西洋文明を熟知していた指導者階級

もちろん、シナやインドにも、旺盛な好奇心と知力を持った人たちは、学者などを中心に多かった。その他のアジア諸国においても、そうした人はいたはずである。

だが日本の場合、ほかのアジア諸国と違ったのは、指導者階級と呼ばれる人たちに、西洋文明を理解し、そのパワーを正当に評価する知性があったし、実際、西洋文明の力をよく知っていたということであろう。もし当時の指導者たちが、西洋文明を侮蔑《ぶべつ》したり、逆に白人の力を極度に恐れたりしていたら、明治維新というのはまず起こりえなかったと断言してもよい。

現に隣りの清朝を見れば「西洋に学べ」という政治家たちもいたのだが、その一方で、極端な排外主義を唱え、西洋を嫌悪するグループが力を持っていたためにどれだけ損をしたのか分からない。保守派たちが無駄な抵抗を示すたびに、ヨーロッパ諸国はそれを口実にどんどん清朝の領土を奪い取ってしまったのである。

これに対して、日本の指導者たちは、ペリーが黒船でやってきても無駄な抵抗をせず、さっさと和親条約を結び、開港した。

この様子を見て、事情を知らない攘夷派《じょういは》（排外派）は「幕府は意気地《いくじ》がない」と怒り、討幕《とうばく》運動を起こすわけだが、それは大きな誤解と言ってもいい。なぜなら、幕府の指導者や雄藩の藩主たちはみな、西洋文明がどんなものであるかも知っていたし、それどころかペリー来航の意図まで正確に理解していたからである。だから、感情的な排外主義に陥《おちい》らずにすんだのである。

そのことを示すために、少し寄り道になるかもしれないが、私はここでジョン万次郎《まんじろう》（中浜《なかはま》万次郎）という人物のことを紹介したいと思う（津本陽《つもとよう》『椿《つばき》と花水木《はなみずき》』上・下〈読売新聞社〉は小説体の優れた伝記になっている）。

ジョン万次郎は、幕末に漂流してアメリカに渡った人というイメージしか一般にはないようだが、彼は単にそれだけの人ではない。彼がいたおかげで、幕末の日本は幸せなコースを辿《たど》ることができたのだ。

万次郎は土佐の貧乏漁師の息子であったが、天保《てんぽう》十二年（一八四一）、十四歳のときにカツオ船に乗っていて難破し、無人島の鳥島《とりしま》に漂着したところをアメリカの捕鯨船に助けられる。

さて、ここから万次郎の運命はガラリと変わったのであるが、じつは万次郎のようなケースは決して珍しくはない。難破して西洋の船に救われた漁師たちは、この他にもたくさん例がある。現に、このときも彼だけが助かったのではなく、同僚たちも一緒に助けられている。

では、万次郎が他の人とどこが違ったかと言えば、それは彼が人一倍の好奇心と理解力を持っていたという点である。彼は、この捕鯨船で積極的にアメリカ人の船員たちのなかに入り込み、彼らの言葉を覚えようとした。また、きわめて目がよかったらしく、自分からすすんでマストに登り、鯨を探す手伝いをして船員たちからも愛されたという。

そして、この様子を見た船長が万次郎を大いに気に入り、自分の養子にならないかと持ちかけることになった。当時のアメリカは、まだ建国して六十年あまりの若々しい国であったから、肌の色にこだわらない、この船長のような立派な人物もいたのである。

万次郎は大いに喜んでこの申し出を受け、船長の故郷であるニューイングランドで暮らすことになった。ここでも彼はみなから愛され、また大いに学んで、ついにはバートレット・アカデミーという学校に進学して航海士の勉強をする。

アメリカのアカデミーというと日本の専門学校というイメージがあるが、当時はアカデミーも大学と同じくらいの水準で、入学するのにも相当の学力が必要だったようである。また、航海士というのは単に操船術だけでなく、高度な天文学や数学も学ばなければならない。

このバートレット・アカデミーを首席で卒業したのち、万次郎は捕鯨船の船員になったのだが、航海中に船長が脳の病気を起こしたときには船員たちから推挙され、副船長兼一等航海士にまでなった。

こうやってみていくだけでも、ジョン万次郎が単に外国で暮らしただけの人物ではないのがよくお分かりいただけるであろう。彼は、欧米で正式に高等教育を受けた最初の日本人であり、しかもアメリカ社会において、一等航海士という非常に名誉ある地位に就いた最初の日本人でもあった。また、白人の女性と結婚をしたとも言われているから、その点においても日本最初であった。

しかし、これだけの出世を成し遂げた万次郎も、やはり望郷の念を捨てられず、日本に帰ろうと考えた。故郷には老いた母がいたからである。

そこで、彼は日本に帰る旅費を作るために、カリフォルニアで金鉱掘りをする。この直前の一八四八年にカリフォルニアで初めて金鉱が発見され、ゴールド・ラッシュが起きていたのである。ゴールド・ラッシュを実際に体験した日本人も、おそらく彼だけではないか。

ジョン万次郎の功績

万次郎がようやく日本に戻れたのは、漂流してから十年後の嘉永《かえい》四年（一八五一）のことであった。彼は琉球（沖縄）に上陸する。

もちろん、当時は鎖国であるから、海外から戻ってきた漂流民は罪人である。彼の身柄を抑えたのは、琉球を支配していた薩摩藩である。

彼らは最初、万次郎のことをただの漁民として扱っていたが、話しているうちに——万次郎は語学の天才であったから、ただちに侍言葉が使えるようになった——相当な学識の持ち主だということに気づいた。すでに、日本の近海にはたびたび外国船が来るようになっていたから、海外の正確な情報が求められていた時期であった。そこで、琉球支配の薩摩藩の代官が直接、万次郎から事情聴取を行うと、どんな質問にも的確な答えが返ってきたので、その薩摩藩の役人は大いに驚いたという。

当時の薩摩藩の藩主は、開明派として知られる島津斉彬《しまづなりあきら》であった。斉彬は琉球からの報告書を読んで、直接に万次郎から話を聞くことにした。

万次郎に話を聞いた斉彬は大変な感銘を受けたようである。薩摩滞在中の万次郎は、まことに丁寧な扱いを受けたという。また、漂流民の取調べをする幕府の長崎奉行に対しても、斉彬は「この男は怪しいものではない」、つまりキリシタンではないという一種の保証書までも送っている。

長崎奉行所で取調べを受けた万次郎は無事、土佐に帰ることを許される。土佐藩は彼を士分《しぶん》に取り立て、また藩主・山内容堂《やまうちようどう》は重臣・吉田東洋《よしだとうよう》に命じて、彼の話を報告書にまとめさせて大いに参考にしたという。

一介の漁民であっても、重要な知識を持っていれば士分に取り立てられ、それどころか大名と直接面会できたということだけを見ても、幕末の江戸時代というのは単なる封建《ほうけん》体制ではなかったということが分かるが、万次郎の活躍はこれだけでは終わらなかった。

というのも、万次郎が帰国した翌々年（嘉永六年＝一八五三年）に浦賀にペリーが現れたからである。時の老中首座《ろうじゅうしゅざ》・阿部正弘《あべまさひろ》はこの事態に対応するため、早速、土佐の万次郎を江戸に呼んだ。

万次郎は幕府首脳の会議において、アメリカ事情について説明する。もちろん、幕府も長崎のオランダ商館を通じて海外のことをある程度は知っていたのだが、万次郎の話はそれを裏づけるばかりか、ペリー提督自身の履歴まで詳しく知っていたから、みな驚嘆《きょうたん》したという。

なかでも重要だったのは、「アメリカには侵略の意図はなく、捕鯨船に対する補給を要求しているにすぎない」ということを指摘したことであった。何といっても、彼自身が捕鯨船の乗組員であったから、この情報には重みがある。

幕府がペリー艦隊を無闇《むやみ》に討ち払わなかったのには、万次郎の功績まことに大であったと言えるだろう。万次郎がもし幕末の日本に戻らずアメリカに残っていたとしたら、明治維新の流れが大きく変わっていた可能性は大きい。

ちなみに、このあとも万次郎は恵まれた人生を送っている。韮山《にらやま》代官・江川太郎左衛《えがわたろうざえ》門《もん》（坦庵《たんあん》）のもとで幕府の近代化を手伝い、軍艦操練所《ぐんかんそうれんじょ》（注1）の教授にもなった。維新後も開成《かいせい》学校（のちの東京大学）で英語教授として働き、明治三十一年（一八九八）まで生きたし、その子孫も立派な学者になっている。

（注1）**軍艦操練所**　安政《あんせい》四年（一八五七）、幕府が江戸・築地《つきじ》の講武所《こうぶしょ》内に設けた洋式軍艦の操縦訓練所。

近代化に目覚めた薩摩・長州

このように、江戸末期にジョン万次郎という人物が現れたということは、まことに日本にとって幸運であったわけだが、しかしこのような幸運を幸運として成立せしめたのは、やはり日本の指導者層が有能であったことが大きい。いまも見たように、万次郎という天才的な人物がもたらした情報の意味が、彼に接した島津斉彬、山内容堂、さらに幕府首脳にはちゃんと分かったのである。ここが、ほかの有色人種諸国と大いに違うところであった。

もちろん、近代西洋文明が太平洋の向こうから突然現れたときに、みながみな、西洋の強さをすぐに認めたわけではない。長州藩はその筆頭で、下関《しものせき》（馬関《ばかん》）海峡を通行していた外国船を意味もなく砲撃して、幕府を窮地に立たせたりもしている。

だが、その長州藩がこの砲撃事件が契機となって、逆に最も開明的な藩になるのだから、やはり日本はユニークな国なのだ。事件の報復のためにやってきた英・仏・蘭・米の四カ国連合艦隊から完膚《かんぷ》なきまでに叩かれたことで、長州は上下を挙げて西洋文明の力を認識し、奇兵隊《きへいたい》（注１）に代表されるような軍制改革を行い、一気に近代化に向かうのである。

また、長州と並ぶ薩摩藩も、当初は〝夷人斬り《いじんぎ》〟をして生麦《なまむぎ》事件（注２）を起こしているが、これもイギリス艦隊から攻撃されることで、藩の世論が急転換してしまっている。ちなみに、イギリス側も薩摩藩の武力とガッツに感心して両者は親密になり、これが維新の大動力となった。よく戦った相手を互いに尊敬するのが騎士道、あるいは武士道である。

イギリスには古いゲルマン的な伝統が残っており、自分と同じような実力を持った者を自分と同等者として扱う習慣があることを指摘し、このため、十九世紀には力をつけてきた庶民（つまり金持ちになった市民）をイギリスの貴族たちは自分たちと同じ貴族仲間にしたと説明したのは、ベルリン大学のデベリウス教授である。このためにイギリスではフランスやドイツのような革命騒ぎが起きなかったのだ、と同教授は説明している。

この観察は、薩英《さつえい》戦争後のイギリスの薩摩に対する態度を説明する助けになる。薩英戦争では、イギリス艦隊の旗艦の艦長と副長が戦死し、錨《いかり》を切って逃げた軍艦もある。このような強烈な戦闘をする者には敬意を持つという騎士道的なところが、当時のイギリスにはあったのではないか。

ちなみに、アヘン戦争では清国軍の死傷者が三百人を超えたのに対し、イギリス艦隊は無傷で、負傷者はたった二名であった。これに対し、薩英戦争では日本側の死傷者は八名で、イギリス艦隊の死傷者は六十二名であった（三《み》野《の》正洋《まさひろ》氏による）。

この点、アメリカが関与した戦いでは、敗者は単に悪とされるという宗教戦争的色彩があることを付言しておきたい。

つまり、幕府の側も討幕派の側も、その政治的立場の差はあれ、近代文明に対する認識という点ではまったく同じであったことが、幕末日本を特徴づけている。ここが、隣りの清朝や李朝《りちょう》などの政治事情と大きく異なっていたところなのである。

（注1）**奇兵隊**　文久《ぶんきゅう》三年（一八六三）、高杉晋作《たかすぎしんさく》たちが創設した長州藩の軍隊。足軽、郷《ごう》士《し》、百姓、町人など、身分を問わず参加を認め、藩の正規兵以外で組織された。長州征伐や

戊辰《ぼしん》戦争などに活躍。

（注２）**生麦事件**　文久二年（一八六二）、薩摩藩の島津《しまづ》久光《ひさみつ》一行が江戸からの帰途、横浜の生麦村で行列の進行を妨《さまた》げた騎馬の英国人四人を殺傷した事件。イギリスの賠償金要求を薩摩藩は拒否し、翌年、鹿児島湾に来襲したイギリス東洋艦隊と薩摩藩との間で薩英戦争が起こった。両軍ともに損害が大きく、同年、講和。これ以後、薩英は緊密な関係を築く。

第2章

指導者《リーダー》たちの決断

国づくりのビジョンを求めて

さて、こういった事情のもとに明治維新が成立したわけだが、明治政府の中心となった薩長土肥《さつちようとひ》（薩摩・長州・土佐・肥前《ひぜん》＝佐賀藩）の指導者たちがはたと気が付いたのは、幕府がなくなってからどのように日本を変えていくべきか、というビジョンを誰も持っていないという事実であった。

明治維新が成立するまでは、非常に明快なビジョンがあった。それは一言で言えば、「建武《けんむ》の中興《ちゆうこう》（注1）をもう一度やるのだ」ということである。

フロイトの学説によれば、人間が危機的な状況に陥《おちい》ったときにとる行動というのはみな幼児期の記憶に由来するというが、それと同じように、危機に直面した民族もまず過去を思い出すようである。その点、幕末の武士たちが幸福だったのは、頼山陽《らいさんよう》の史書『日本外史《にほんがいし》』や『日本政記《にほんせいき》』（注2）が広く読まれていて、歴史に対する知識をみなが持っていたということである。また、『太平記《たいへいき》』（注3）の内容はみんなの常識になっていた。

討幕《とうばく》運動を起こそうと考えたとき、彼らの頭に共通して浮かんだのは「建武の中興でやればいい」というイメージであった。つまり、五百三十年前に鎌倉の北条幕府を倒したときに後醍醐《ごだいご》天皇を戴《いただ》いたのと同じように江戸幕府を倒せばいい、ということである。このイメージがみなに共通していなければ、長州と薩摩が簡単に手を組むということはなかった。おそらく、討幕のやり方について意見が分かれて、共同戦線を張ることはできなかったであろう。楠木正成《くすのきまさしげ》や新田義貞《にったよしさだ》などが英雄として武士たちの頭に刻み込まれていなかったならば、維新の志士たちも続出しなかったと思われる。

そして、もし討幕勢力が一致していなければ、日本という国はどうなっていたか分からない。というのも、インドでもシナでも、西洋諸国は内部抗争につけ込んでその国を乗っ取る、というやり方をしていたからである。討幕勢力が四分五裂《しぶんごれつ》するという状況が続いていたら、日本もインドのように植民地になっていた可能性は十分ある。

その意味で、歴史の記憶として「建武の中興」という出来事が日本人のなかにあったのは、まことに幸福なことであったと言えるだろう。

しかしその明快なイメージも、幕府を倒すというところまでで終わりであった。これはしようのないことで、周囲に白人諸国が迫っている状況でいかに日本の独立を守るかというようなことは、いくら史書を読んでも分かるべくもない。それまでの世界史を振り返っても、有色人種の国が白人に伍《ご》して自立を果たしたという例はなかったのだ。

ここにおいて維新政府の指導者たちが考えついたのは、まことに途方《とほう》もないことであった。それは、岩倉具視《いわくらともみ》を団長とする米欧回覧使節団の派遣（明治四〜六年）である。元来の主目的は、幕府が諸国と締結した条約を改正するための交渉であったがこれはできず、欧米先進国の制度・文物の調査が主目的になった。

では、この岩倉使節団のどこが画期的か。

先進欧米諸国の文明を実地に見学してそれを学ぶという発想自体、それまで有色人種の国では誰も思いつかなかったことである。前述したように、白人の文明を有色人種もマスターしうるということを考えたのは、日本人の独創と言っていい。

だが、米欧回覧使節団の意味というのは単なる欧米見学だけではない。最も大事なのは、政府の指導者自らが、新しい政策を立てるために先進国を回ったということである。

この使節団に参加した主要メンバーを挙げれば、岩倉具視、木戸孝允《きどたかよし》、大久保利通《おおくぼとしみち》、伊藤博文《いとうひろぶみ》という、まさに明治維新の主役たちである。しかも、一年十カ月もかけて米、英、仏、独など全部で十二カ国を回っているのだ。

こんなことは今日までの世界史で、日本以外にやった国はない。譬《たと》えていえば、フランス革命を起こしたロベスピエールやダントンが、民主主義の勉強をするためにパリを留守にしてアメリカに二年もかけて見学にいくようなものであり、中国共産党の指導者、毛沢東《もうたくとう》や周恩来《しゅうおんらい》、鄧小平《とうしょうへい》らが、共産主義とは何かを知るために雁首《がんくび》揃えてモスクワに二年留学するようなものなのだ。

フランス革命でも中国革命でもそんなことをしなかったのは、あらためて言うまでもない。留守にしている間にどんな政変が起こるか分からない。「下手をしたら、もう二度と故国に戻ることさえできなくなるかもしれない」と思うのが当然だからだ。

（注1）**建武の中興**　元弘《げんこう》三年（一三三三）、後醍醐天皇が鎌倉幕府を倒し、天皇親政を復活させたことをいう。翌年、建武と改元して公家《くげ》政治をめざしたが、武士階級の不満を解消できず、後醍醐天皇を支えていた足利尊氏《あしかがたかうじ》の離反にあって天皇親政は二年半で崩壊。天皇は京都から吉野に移り、南北朝時代となる。建武の新政とも呼ばれる。

（注2）**『日本外史』『日本政記』**　ともに江戸後期の儒学者・歴史家である頼山陽（一七八〇～一八三二）が著《あらわ》した史書。大義名分論に基づいて、源平《げんぺい》から徳川までの武家の歴史を記述した『日本外史』（全二十二巻）は幕末における歴史観に大きな影響を与え、尊王運動の思想的基盤となった。『日本政記』（全十六巻）は神武《じんむ》天皇から後陽成《ごようぜい》天皇までの編年史。伊藤

博文と井上馨《いのうえかおる》が西欧留学の際に持参し、愛読している。

（注3）『**太平記**』　鎌倉時代末期から建武の中興・南北朝に至る争乱の歴史を、南朝側の立場から生き生きと描いた軍記物語。全四十巻。応安《おうあん》年間（一三六八〜一三七五）に成立。小島法師《こじまほうし》の作とも伝えられる。江戸時代初期から「太平記読み」と言われる講釈師が現れ、これがのちの講談のもとになったという。

西欧を「見る」ことの意味

ではいったい、どのような意図で明治維新の元勲《げんくん》たちは二年間にわたる留学を決断したのか。残念ながら詳しい史料が残っていないから推測によるしかないが、明治の新政府に伊藤博文と井上馨がいたことが大きいのではないか。

この二人は若い頃、長州藩の留学生として幕末に欧州に渡った人間である。自分の目で見るという体験ほど強いものはない。いくら書物で勉強したところで、現物を見るのには到底及ばない――そのことを彼らは実体験から知っていた。たとえば井上の回顧談を読むと、彼がヨーロッパの町並みを見たとき、「こんな立派な家に庶民が住める国があるのか」と感激のあまり涙が出たという。

井上も伊藤も、この頃はまだ二十かそこらの若者である。血気盛んなころであるから、留学前は「フランス、イギリス何するものぞ」という気分だったろう。それが留学してみると一変した。腹の底から「攘夷《じょうい》なんぞ、何の役にも立たぬ」ということが分かったのである。

さて、この留学に出発した直後に、前に述べた下関の砲撃事件（文久《ぶんきゅう》三年＝一八六三年）が起きた。イギリスの艦隊も長州を叩き潰しに来るという。

その知らせを聞いた伊藤と井上は、直ちに帰国を決意する。せっかくの留学を止めてでも、戻って藩内の過激派を説得しようと考えたのは、やはり「実際に見てきた者でないと西洋人の凄《すご》さは分からない」という思いではなかったか。もちろん、ロンドンから日本に帰るまでには何日もかかる。間に合わないかもしれない（実際、間に合わなかった）。それでも、見てきた人間だけが説得できると思っていたから、彼らはあえて帰国したのである。

話を戻せば、明治維新が成立し、これから何をしたらよいのかということにハタと気が付いたとき、このような体験をした二人がいたのはまことに大きかった。その意味では、伊藤と井上はまたとない適任者であった。

新しい政策を立てるために、当時の先進文明たる西洋をお手本にすることぐらいは、おそらく誰でも気づくことであろう。しかし、そのために政府を二年も留守にして為政《いせい》者《しゃ》自身が見学に行くという決意が出てくるには、やはり西洋を「見る」ことの価値を知っている体験者が近くにいなければ不可能だったのではないか。

これは想像だが、使節団の話が出たときに、伊藤と井上は大久保たちに「ヨーロッパの文明は、いくら本を読んでも、部下に報告書を書かせても絶対に分からない。政策を立てようと思うんだったら、西洋を見なくちゃ話にならん」というぐらいのことは繰り返し言ったのではないか。だからこそ、大久保や木戸といった人たちも決心したと思われる。

では、岩倉使節団の一行は欧米で何を「見た」か。一言で言えば、「もう〝士農工商〟ではどうにもならん」という危機感であり、さらに言えば「これからは工と商の時代だ」という実感であったはずである。

この頃は、アメリカもヨーロッパも国力が充実していた時期である。行く先々で彼らが見たのは、その文明の圧倒的な力であった。

太平洋を越えて最初に使節団が訪れたのはサンフランシスコであったが、彼らがまず仰天《ぎょうてん》したのは、そのホテルの豪華なことであった。そのときの記録（『米欧回覧実記』）を読んでみると、客室に絨毯《じゅうたん》が敷いてあるとか、ホテルのロビーには大理石が使ってあって靴が滑《すべ》るほど磨かれているということを、わざわざ書いているほどである。

これは余談になるが、この岩倉使節団の十一年前に咸臨丸《かんりんまる》で渡米した福沢諭吉《ふくざわゆきち》も、ホテルの絨毯には仰天したと『福翁自伝《ふくおうじでん》』に書いている。その部分を引用しよう。

「ホテルに案内されて行ってみると、絨毯が敷き詰めてある。その絨毯はどんな物かというと、まず日本で言えばよほどの贅沢者《ぜいたくもの》が一寸四方幾干《いくら》という金を出して買うて、紙入れにするとか莨入《たばこい》れにするとかいうようなソンナ珍しい品物を、八畳も十畳も恐ろしい広い所に敷き詰めてあって、その上を靴で歩くとは、さて〳〵途方もないことだと実に驚いた」

つまり、日本では十平方センチでも高価なラシャの生地（当時、合成繊維《ごうせいせんい》はない）を見渡すかぎり敷き詰めて、その上を土足で歩いているという信じられない光景を見たのだった。福沢も岩倉使節団の一行も、ホテルの絨毯を見て、欧米の富が桁外《けたはず》れのものであることを知ったのである。

また、岩倉使節団がサンフランシスコからワシントンに向かうに当たっては、当時、作られたばかりの大陸横断鉄道（一八六九年＝明治二年に全面開通）を利用した。これも彼らを驚嘆《きょうたん》せしめた。

大久保や木戸は討幕運動をするために、何度も東海道を往復した人間である。その東海道は、たしかに日本一の街道と呼ばれた立派なものであったが、それにしても馬や人の足で移動するしかない。舗装《ほそう》していないのだから、大八車《だいはちぐるま》で荷物を運ぶことすら困難な道であった。然るに、アメリカでは大陸横断鉄道が使われ、千里の道もあっという間に進むことができたのである。

腹を括った欧米使節団

アメリカ訪問を終えた使節団一行は、さらにイギリス、フランスへと進む。ロンドンやパリでも彼らがまず驚いたのは、ヨーロッパの都市では雨が降っても道がぬかるまないということであった。

当時の江戸は、雨が降れば道は水たまりだらけになるし、また風が吹けば土埃《つちぼこり》が舞って目が開けられないほどである。風の強い日には土埃のため、日光が遮《さえぎ》られて暗く感じるほどであったという。

ところが、パリやロンドンでは道路はみな広く、しかも石畳になっていて、その上を四輪馬車が楽々と通っている。もちろん、雨が降っても風が吹いても困ることはない。夜もガス燈があるので暗くならない。そして、その立派な道路の両側には、江戸城よりも高い石造りの建物がずらりと並んでいる。聞くと、そこには庶民が住んでいるというではないか。

このように使節団は旅行中、度肝《どぎも》の抜かれっぱなしであったわけだが、この経験のおかげで大久保や木戸らは、みな腹を括《くく》ったのである。

つまり、「もう士農工商などと言っていては駄目だ。ヨーロッパの主要国は徴兵制《ちょうへいせい》だ。武士に生まれなければ武士になれないというような制度ではやっていけない。また、農より工と商をまず振興しなければ、欧米諸国の富に敵《かな》わない。富がなくては近代国家は強い武力を持った一等国にはなれない」という覚悟が自然と生まれた。そして、工業や商業を盛んにするには徹底した欧化政策を採る以外に道はない、という結論に至るのである。

「明治政府は欧化政策を採って工業や商業を振興した」ということは、それこそ教科書にも書かれて誰でも知っていることであろう。しかしここで強調したいのは、指導者自らが海外視察をし、「いまのままでは駄目だ」というような腹の括り方をした国は日本以外になかったということである。

ほかの有色人種国と違った運命を日本が歩むようになったのは、まさに指導者が「腹を括った」という点にある。だからこれ以降の新政府の施策を見ると、まったく欧化政策に躊躇《ちゆうちよ》がない。廃藩置県《はいはんちけん》や廃刀令《はいとうれい》（明治九年＝一八七六年）などにより、士族の特権をまったくゼロにしたのも、また当時としては途方もない借金をしてでも商工業に投資するという決断をしたのも、みな、この使節団での体験なくしては考えられないのである。

その商工業の近代化の中心的人物となった渋沢栄一《しぶさわえいいち》も、幕末に第十五代将軍・徳川慶喜《とくがわよしのぶ》によってパリの博覧会に派遣されて西洋を見、西洋の金融制度を体験した人物であった。

近代留学制度の独創性

話を戻そう。

新政府の留学制度は大いに成功を収め、日本はたちまちにして近代国家になった。そしてこの成功を見たときに、世界中の後発の国々が先進国に留学生を出し始めたのであった。とくに第二次世界大戦後は〝留学の世紀〟と言ってもいいほどの様相を呈《てい》したが、これも日本の明治維新の成功なかりせば起こりえない現象、と言えるのである。

私は留学制度について、ある印象深い記憶を持っている。私が一九五五年にドイツへ行っていたときのことである。

カトリック学生の集《つど》いの席で、ある若い韓国人神父が「日本は近代国家になったと言っているが、みんな物真似ばかりである」と発言したことがあった。

それに対して私は、「日本人はたしかに欧米先進国の真似をしたが、その真似のやり方が独創的であったのだ。当時の先進国である欧米を真似できると確信したことこそが日本人の独創であり、それに成功したからこそ、他の諸国も日本の真似をしたのではないか。たとえば、君がここにいるのも、日本人が始めた留学制度の真似ではないか」と反論した。

その場の雰囲気がやや険悪になり、同席していたドイツ人の先生や学生たちがとりなそうとして「我々はキリストの名のもとに兄弟なのだから」と言うと、若い韓国人神父は「いや、キリストの名のもとにおいても日本人と韓国人は兄弟ではない」と発言したので、同席した人は一同、大変驚いたという経験を持っている。

断っておくが、当時もいまも、私には韓国人の友人がたくさんいる。ドイツの大学の寮の隣室にも韓国人がいた。彼は私と同じ上智大学の戦前の卒業生で私の先輩ということもあり、また気のいい人でもあって大変親しくしてきた。また、ドイツ人の家に下宿していた韓国人の留学生——彼は戦前の日本の国立大学の出身者であった——とも親しくさせてもらった。この二人は、戦前の日本の大学で学んだ体験から本当に親日的で私とも仲よく、よく飲みに行ったりしたものである。

そういうわけで、私自身は個々のコリア人に悪感情を持っているわけではないが、それでもコリア人総体としてみるとき、日本人の業績を常に過小評価しようとする心理が働くようで、この点は残念に思っている。

旧李朝《りちょう》（注1）時代を知っている世代のコリア人にはそんなことはなかったと思うのだが、李承晩《りしょうばん》（韓国の初代大統領）以後の洗脳的教育を受けた若い世代に、その傾向が強いのではなかろうか。彼ら若い世代は、西洋文化など勉強すれば誰にでも吸収できるものだということを初めから信じている。他のアジア諸国の人々にとっても、これはいまや常識だろう。

ところが、日本人が明治維新を始めたときはどこの国もそうは思わなかったのである。

それどころか、他のアジア諸国が大々的に留学制度を実践するようになったのは、第二次世界大戦以後のことだ。日本の機動部隊がハワイのアメリカ艦隊を撃滅したり、ジャワ島沖でイギリス、オランダ、アメリカ、オーストラリアの連合艦隊を全滅させたり、マレー沖、インド洋で無敵と言われていたイギリス海軍を簡単に屠《ほふ》り去ったのを知ったからである。これはあらためて指摘し、主張しておきたい点である。もちろんそれ以前にも、植民国の王子や富豪の子弟が宗主国《そうしゅこく》に留学することはあったが、日本人の留学とは主旨が違う。

（注１）**李朝**　李氏朝鮮。明《みん》の将軍だった李成桂《りせいけい》が高麗《こうらい》を倒して、一三九二年に明から「朝鮮」の国号を得て建国した朝鮮最後の統一王朝。第四代・世宗《せいそう》の時に全盛を迎える。日露戦争後に日本の保護国となり、明治四十三年（一九一〇）、日本の韓国併合で滅んだ。

北里柴三郎とノーベル賞

さて、明治政府の留学制度は、単に文部省が各分野の秀才を送っただけではなかった。海軍省、陸軍省、鉄道省、司法省など各省が、その分野において最も優れている国の最も優れた機関へ秀才を送った。それも単に表面的知識だけでなく、それを生みだした制度をも学んでくるようにしたのである。

これがきわめて速やかに学習効果を上げたことは、具体例で示すことができる。

たとえば、一八九六年にノーベル賞は発足したが、矢野暢著《やのとおる》『ノーベル賞』（中公新書、一二二～一二六ページ）によると、医学賞の第一回の最終候補に残った医学者のなかには、コッホ（結核菌、コレラ菌の発見者）とともに日本の北里柴三郎《きたざとしばさぶろう》の名前があったという。

実際に受賞したのは、最終候補にも挙がっていなかったドイツのベーリングであったが、ノーベル賞の最終候補に残るほどの評価を得た人物が、明治維新から僅か三十余年で現れていることには、いまさらながら驚かされる。

しかも、じつはこのベーリングと北里とは、同じコッホ博士の研究室の同僚であり、ベーリングの受賞理由となったジフテリア菌の血清《けつせい》療法の研究は、彼が北里と破傷風《はしようふう》菌の共同研究を行ったこと、しかもそこで北里が血清療法を創案したことが原点になっているのだから、〝本家〟の北里にノーベル賞が与えられていても不思議ではなかった。

かつて外国人大関・小錦《こにしき》の横綱昇進問題が話題になったことがあるが、北里の話はそれと共通したところがあるように思われるのである。

いまでこそ外国人横綱が次々と生まれているが、相撲ではつい先頃まで、大関まではは外国人であろうと実力さえあればスムーズに昇進しても、横綱ともなると実力以外の点も問題にする人があって論議が起こったわけだ。これと同じような問題が、何倍も強い形で北里にも降りかかったと推測される。

まして当時は、現在とは比較にならないほどの人種差別、〝白人の優越感〟があった。しかも、この人種差別への非難の声はほとんどなく、今日では想像を絶することだが、それが美徳ですらあった時代なのである。

また、当時のヨーロッパ医学界はドイツが席巻《せっけん》していたという事情もあり、結局、ノーベル賞はドイツ人のベーリングに与えられた。下世話《げせわ》に言えば、「北里は業績はいいが顔色が悪い」という判断だったと勘繰《かんぐ》っても許されるであろう。

白人の独占を突き崩した日本人科学者

このようなことは、その後もよく起こった。医学の分野でもう一つ例を挙げれば、野《の》口英世《ぐちひでよ》がいる。

彼は明治四十四年（一九一一）に梅毒《ばいどく》の病原体スピロヘータを、マヒ性痴呆患者の大脳のなかから発見して世界に示した。これは医学史上、精神病の病理を明らかにした最初の成果でもあった。それまでは、精神病といえばヨーロッパでは悪魔つき、日本ではキツネつきなどと言われていたわけであるから、野口英世は厳密な意味で精神病を医学的対象にした最初の人物だと言ってよい。

だから当然、ノーベル賞をもらってもおかしくはない。実際、二回推薦され、最終候補に残っている（矢野前掲書、一二六〜一二九ページ）。しかし結局もらえなかったのは、顔色が悪かったからであろう。あるいは野口英世の場合、うんと長生きすれば受賞できたかもしれない。だが、黄熱病《おうねつびょう》の研究中に亡くなってしまったのは、日本の医学界のためにも惜しまれる。

野口英世の業績に対する評価は彼の死後、ますます高くなっていったようである。たとえば『ブリタニカ百科事典』を見ていくと、版が新しくなるにしたがって、野口に充《あ》てられたスペースが大きくなっている。第十五版（一九七五）では、写真までが載るようになった。自然科学者はその研究の性質上、版が新しくなるにつれてスペースが小さくなり、しばしば消えていくのが通例である。やはり、野口英世の業績というのは桁外れに立派なものだったと思われるのである。

こういう例はまだまだ挙げられる。

たとえば、ビタミンB_1であるオリザニンも、野口と同じ頃に鈴木梅太郎《すずきうめたろう》が発見している。のちにさまざまなビタミンの発見者がノーベル賞をもらいながら、史上初めてビタミン類の発見をした鈴木がもらえないのも実に不思議な話である。これも要するに、顔色の問題ではなかったか。

細菌学の分野では、赤痢菌《せきりきん》を明治三十年（一八九七）に志賀潔《しがきよし》が発見している。当時は細菌学が医学の最先端の分野であり、その細菌学で日本人が多くの発見をしているということは、日本の医学界が世界のトップを走っていたと言うことができよう。

医学以外の分野でも例を挙げれば、この頃には天文学の木村栄《きむらひさし》がおり、彼は地球の緯度変化の法則を示す新しい定数「Z項」を発見している。

このように、西洋人が自分たちしかできないと思い込んでいた自然科学の分野で、日本人が多くの業績を残すようになった。これもやはり、この時点において、自然科学を欧米人と肩を並べて研究できると確信した有色人種は日本人だけだった、ということを如実に物語っている。またこれ以後、有色人種の活躍が始まるようになったのも、まず日本人が実際にやってみせて心理的なブロックを取り払ったからにほかならない。

しかし、日本人が実際にノーベル賞を与えられたのは、大戦後の昭和二十四年（一九四九）、理論物理学の湯川秀樹《ゆかわひでき》が中間子理論構想によって受賞したのが最初だが、これは自然科学で有色人種が受賞した初の例でもある（文学賞ではインドのタゴールが一九一三年＝大正二年に受賞している）。大東亜戦争によって人種差別が通用しなくなり、続々と独立国が出てくる状況にスウェーデンが適応したということであろう。

第3章

明治日本の外交政策

南下するロシア

自分の目で西洋文明を「見る」ことによって、明治政府首脳は日本を徹底的に欧化することに腹を括《くく》った。一刻も早く、西洋文明を自家薬籠中《じかやくろうちゅう》のものにし、商工業を振興して富を生み、その富を使って植民地にされないだけの近代的軍隊を作り、さらに鉄道や港湾などの社会資本を充実させねば、日本の生き残る道はない。

こうした首脳部の決断は、当然ながら外交の基本政策にも影響を与えた。明治政府はその前から、当面の間、欧米列強とは事を構えないという消極的な方針を持っていたが、この考えが一層強化されるようになった。

とはいっても、当時の東アジア情勢は、日本にとって決して安閑《あんかん》としていられるような状況ではない。

この当時から、明治・大正に至る時期における日本の最大の脅威はロシアであった。というより、ロシア以外に日本を脅《おびや》かす国はなかったと言ったほうが正確であろう。

ペリーの来航を見ても分かるように、当時のアメリカには日本に対して領土的野心はまったくなかった。また、イギリスやその他のヨーロッパ諸国は、たしかに帝国主義の国ではあるが、あまりに遠すぎる。彼らがアジア東端の日本にまでやってきてこれを征服するということは、まず考えられなかった。日本が本当に怖いのはロシアだけなのだ。

十七世紀末に太平洋岸に到達したロシア帝国は、徐々に南下して勢力を広げつつある。すでに彼らはカムチャツカ半島を領有し、また一八六〇年（万延元《まんえん》）には沿海州《えんかいしゅう》を清朝《しんちょう》から奪って、ウラジオストクに港を開いた。

陸伝いに領土を広げつつあるロシアの姿を見たとき、日本人が直ちに気づいたのは、朝鮮半島の重要さであった。もしロシアが南下し、朝鮮を植民地にするようなことになれば、日本にとってこれほどの脅威はない。彼らはまず、日本本土と朝鮮の間にある対《つし》馬《ま》や壱岐《いき》を占領し、島伝いに日本にやってくるであろう。かつて、そのコースで日本に攻めてきたのは蒙古《もうこ》人王朝の元《げん》であった。ロシアに〝元寇《げんこう》〟を再現されたら日本は危ういというのが、彼らの実感であったろう。しかも、それは杞憂《きゆう》などではない。すでにロシアは幕末の文久《ぶんきゅう》元年（一八六一）、朝鮮海峡に浮かぶ要衝《ようしょう》の地、対馬に軍港を作るために軍艦を来航させているのである。

このとき、ロシア軍艦ポサドニック号が船体修理を理由に対馬に入港し、そのまま居座ってしまうという蛮行《ばんこう》に出た。幕府はこの対応に苦慮したが、老中・安藤信正《あんどうのぶまさ》がイギリス公使オールコックと話し合い、イギリスが軍艦エンカウンター（東インド艦隊司令官ジェイムズ・ホープ座乗）を派遣して威嚇《いかく》してくれたりしたので、ようやく退去したという経緯があった。

こうした事件があったので、新政府もロシアの南下だけは何としても食い止めなければならないという認識があったのである。

とにかく、ロシアは冬に凍結《とうけつ》しない港を欲しがっていた。西のほうでトルコと戦ったのはそのためである。東のほうではウラジオストクを獲《え》たが、ここは不凍港《ふとうこう》ではない。さらに南下してくるのは、どうしても時間の問題と思われた。本当に危険な国と日本が見たのは、幕府の時代も明治になってもロシアであった。

外交文書受け取りを拒否した朝鮮

そこで日本政府が何よりも期待したのは、朝鮮の近代化であった。

もし朝鮮がその宗主国《そうしゅこく》、清朝の真似をして徒《いたずら》に西洋を侮《あなど》り、抵抗すれば、かえって外国の植民地になってしまう。それより、さっさと開国し、近代化したほうが朝鮮のためにもなるし、日本の国益にも合致すると考えたのである。

新政府が維新成立後、直《ただ》ちに当時の朝鮮（李氏朝鮮《りしちようせん》）国王、高宗《こうそう》に外交文書を送ったのはそのような意識があってのことだったが、ここで日朝両国にとって不幸な行違《ゆきちが》いがあった。この外交文書のなかに「皇」とか「勅」という字が使われていたために、朝鮮側が受け取りを拒否したのである。これには、朝鮮の側にもちゃんとした理由がある。

当時の朝鮮は清朝の属国であり、その朝鮮国王は清朝皇帝の臣下《しんか》という国柄である。だから朝鮮にとって皇帝といえば清朝皇帝以外にありえず、また朝鮮に勅語《ちよくご》を出すのも清朝皇帝以外にあってはならない。然るに、日本からの国書に日本の天皇についてこうした文字が使われているのは「清朝ではなく日本の属国となれ」ということに等しい、と彼らは考えたのである。

もちろん、日本側にはそんなつもりはない。政治体制が変わって、日本は天皇親政の国になったのだということを伝えたかっただけなのに、そこまで深読みされるとは思ってもいなかった。

当時の日本にしてみれば、隣国の朝鮮に英語やフランス語で外交文書を出すのもおかしな話だから、双方が理解できる漢文で書こうと判断したにすぎない。また、外交では先例を最も重んじるため、シナの文書形式なら無難だろうというぐらいの気持ちで起草したのであった。当時の日本には、朝鮮に向かって「臣下の礼」を取れと言う気はさらさらなかった。だから明治政府も一所懸命、朝鮮に説明して理解を求めたが、一向に外交文書を受け取ってもらえず、当然ながら日朝間の国交は断絶状態になった。

のちに日本も朝鮮の言い分を容《い》れて「勅」や「皇」などの文字を使わないことにしたが、朝鮮は頑迷にも日本政府との交渉を拒絶し続けた。徳川時代のように、対馬の宗《そう》氏（注1）を通じてのみ国交を行うというのが朝鮮の主張であった。だが、朝鮮の宗主国たるシナ（清）はとっくに日本政府と国交を結んでいるのだ。これは別の言葉で言えば、朝鮮は「明治政府を承認しない」と言ったに等しい。

このような背景から生まれたのが、〝征韓論〟であった。つまり、それほどまでに朝鮮が排外的であるなら武力を行使してでも開国させるべし、という意見である。

こうした考えの背景には、日本を無視する朝鮮への反感もあったが、それより大きかったのはやはり、「このままではロシアが南下してくる」という危機感であった。

（注1）**宗氏**　十二世紀頃から対馬国を支配していた守護・戦国大名。朝鮮との貿易で栄えた。元寇時には国境防衛に奮戦。当主、宗助国《そうすけくに》が討ち死にしている。豊臣秀吉の朝鮮出兵

（文禄《ぶんろく》・慶長《けいちょう》の役）では日本軍の先頭に立つとともに、外交面でも活躍した。

〝大西郷〟の存在と征韓論

当然のことながら、大久保利通《おおくぼとしみち》らの洋行経験者は、朝鮮半島への武力進出にはまったく否定的であった。朝鮮に陸軍を出兵するような余裕は、日本のどこを探してもない。一刻も早く商工業を興《おこ》し、鉄道などの社会資本を整備しなければ、日本は西洋に呑み込まれてしまう。朝鮮が無礼だの何だのと言ってはおれないという心境である。

しかも、当時はまだ徴兵令《ちょうへいれい》が施行《しこう》されたばかりで（明治六年布告）、陸軍は組織づくりに追われている時期である。現実問題として、朝鮮出兵を実行できるような状態ではないのだ。

だから本来、征韓論という議論はこのまま消えてなくなるはずの話だった。

ところが、実際には征韓論は消えてなくならず、深刻な政治問題になった。その大きな原因となったのは、陸軍大将・西郷隆盛《さいごうたかもり》の存在であった。洋行組に真っ向から対立する形で、西郷が朝鮮問題に固執したからである。彼は岩倉使節団が出かけている留守中、政府の中心であった。そして、一度は征韓論を留守政府が決定しているという事実があった。

西郷の言い分は、「外交文書のやりとりで埒《らち》が明かないのなら、自分が特使として朝鮮に乗り込んで直談判《じかだんぱん》をする。それで、もし自分が殺されるのであれば出兵もやむをえない」というようなものであった。

はたして西郷自身の胸中に朝鮮出兵を願う心があったかどうかはさておき、一国の陸軍大将が国交もない国に乗り込み、開国を迫るというのは尋常なことではない。さらに付言しておけば、当時、「大将」の肩書を持つ者は西郷ただ一人だったのだ。

朝鮮からすれば、日本が脅迫に来たと思うであろう。西郷は、それこそ殺されるかもしれない。また、西洋列国は、この行動を「日本に朝鮮進出の意図あり」と見るであろう。

当然ながら、岩倉や大久保、木戸たちは彼の意見に猛反対するが、西郷も一歩も譲らない。さらに困ったことに板垣退助《いたがきたいすけ》、後藤象二郎《ごとうしょうじろう》、江藤新平《えとうしんぺい》、副島種臣《そえじまたねおみ》らが、それぞれの思惑《おもわく》から西郷を強力に支持した。ここに至って、新政府は分裂寸前の様相となった。

もし、征韓論に固執したのが西郷でなければ、これほどの大問題にはならなかった。江藤新平や板垣退助あたりが征韓論を主張したのであれば、岩倉も大久保も困らない。彼らを退陣せしめれば、それで済む問題である。所詮、薩長中心の維新政府にとって佐賀藩出身の江藤や土佐藩出身の板垣はその程度のものであったし、「絶対に外国とは事を構えたくない」という大久保らの決意も堅かった。

しかし、相手は〝大西郷〟である。西郷は単に、維新第一の功労者というだけの人間ではない。天下の衆望を一手に集めている、いわば富士山のような英傑である。そのような人物を敵に回せば、新政府は一日で瓦解《がかい》してしまうであろう。

西郷の武士としての倫理観

西郷隆盛という人物が、どれだけ当時の日本人から尊敬されていたか、そのことはいくら説明しても説明できるものではない。私の郷里である庄内藩《しょうない》（現山形県鶴岡市《つるおか》）などは、藩を挙げて「西郷教」の信者になってしまったほどであった。

そもそも庄内藩の藩主・酒井氏は、徳川家康の四天王と言われた酒井忠次《さかいただつぐ》の子孫で、つまりは「三河《みかわ》以来の譜代《ふだい》」である。それで幕末においては、会津藩《あいづ》（こちらは親藩《しんぱん》）が京都守護職を任命されて新選組《しんせんぐみ》を差配《さはい》したように、庄内藩も江戸市中の警備を任ぜられ、江戸の薩摩屋敷を焼いたりもしている。幕末の江戸で放火・強盗など治安攪乱《ちあんかくらん》のテロを行ったのは薩摩藩であり、それは西郷の指令であると思われていたのであった。

このような事情があったから、庄内藩は官軍から見れば完全な〝朝敵《ちょうてき》〟である。だから、戊辰《ぼしん》戦争で官軍が東北地方に進撃してきたときには会津藩同様、徹底抗戦しか道は残されていなかった。藩主をはじめ、死を覚悟で戦うということで衆議一決したという。官軍に対して庄内藩はずいぶん健闘した。一時は官軍を押し戻し、それどころか隣藩にまで攻め込んで戦うという奮戦ぶりで、官軍に負けていなかった。

だが、ひとり庄内藩が戦ったところで勝負の流れは変わるべくもない。すでに周囲の諸藩も官軍に降伏してしまった。このまま戦い続けても、先は見えている。領民まで巻き添えにするわけにもいかない。結局、降伏ということに決まった。明治元年九月のことである。

庄内藩は当然、厳罰を覚悟した。ところが、官軍の代表者として城を接収に来た官軍の参謀《さんぼう》、黒田清隆《くろだきよたか》の態度は、勝者でありながらまことに謙虚であった。あまりにも黒田が庄内藩に対して丁重《ていちょう》であったので、官軍のなかには「これではどちらが勝ったのか分からん」という不平さえ出たという。

この黒田の態度は、西郷が与えた指示によるものであった。西郷隆盛は庄内藩に対して、大変共感を覚えたようなのだ。つまり、「もし自分が庄内藩士であったら、やはり同じように、最後の最後まで主君・徳川家のために戦っていたはずだ」という気分が西郷にはあったらしい。だから、彼は庄内藩を罪人のように扱わなかった。

この西郷の気持ちを知ったとき、庄内藩は藩を挙げて西郷に惚れ込んでしまった。西郷の言行録として有名な本に、『西郷南洲遺訓《さいごうなんしゅういくん》』というものがあるのをご存知の方もおられるだろう。西郷隆盛の思想を知るための唯一のまとまった史料といってもいい。じつはこの書物は、庄内藩が西郷を愛するがゆえにできたような本である。

庄内藩家老の菅実秀《すげさねひで》（号は臥牛《がぎゅう》）は、西郷と心を許し合う関係になったこともあって、戊辰戦争以来、庄内藩では前途有望な若者を、西郷の元に書生みたいな形で置いてもらっていた。そのなかには、藩主の跡継ぎもあった。こうして毎日、西郷に接していた人たちが、彼の言葉を一冊にまとめたのがこの本であった。当時、中殿様と言われていた酒井《さかい》忠篤《ただずみ》は、約三十人の家臣を連れて鹿児島に軍事留学した。西郷の一書生として師事し、一兵卒として桐野利秋《きりのとしあき》、篠原国幹《しのはらくにもと》、野津鎮雄《のづしずお》ら西郷麾下《きか》の猛者《もさ》たちの訓練も受けたのである。このように西郷を崇拝した庄内藩士たちが、彼の語った一言一句も残さず記録しておこうということにしたのである。いかに庄内の人々が西郷を慕《した》っていたかが分かるであろう。

こうした雰囲気は、私が小学生の頃にも残っていた。

私の通った小学校はかつて藩校であったところで、維新前の建物をそのまま校舎の一部として使っていた。そのため、校門の構えも立派であったし、校舎のなかには、その昔に殿様の休息室に使われた「お居間」という部屋もあった。

『西郷南洲遺訓』は、小学校六年生の素読《そどく》の授業のときに、畳敷きの礼法室《れいほうしつ》で暗記させられた記憶がある。「幾度《いくたび》か辛酸《しんさん》を歴《へ》て志《こころざし》始めて堅《かた》し……児孫《じそん》の為に美田《びでん》を買わず」という彼の七言絶句《しちごんぜっく》はいまでも暗唱できるが、小学校で西郷の漢詩を教えるというのは、やはり庄内ならではのことであったと思われる。

庄内では、敗戦後にも西郷を祀《まつ》る神社を作った。マッカーサーの神道指令《しんとうしれい》（注1）が行われていた時代の日本で、神社ができた例は聞いたことがない（新興宗派は別として）。ましてや、西郷の神社を作るという発想は、彼の郷里の鹿児島県でも昭和二十年代にはなかったのではないか。

このような風土で育ったから、西郷という人物の偉さを尊敬する点では、私は一般の人より深いくらいだと思う。だが、彼の考えた日本の基本方針となると「先進国を見なかった人だ」という気がしてならない。

この西郷隆盛という人の倫理観は、一言で言ってしまえば下級武士の倫理観であった。すなわち、「清貧《せいひん》の思想」なのである。

『南洲遺訓』を読めば、そのことがよく分かる。西郷が熱心に説いているのは、「死を恐れるな」「寛大であれ」そして「名誉やカネを求めるな」というようなことである。実際、西郷はそのとおりに生きた。

たしかに、こういった考えは美徳には違いない。だが、「浮利《ふり》を求めるな」と言われては、商人も職人も困ってしまう。武士のように禄《ろく》を食《は》んでいる人は〝浮利〟なしでも生きられる。だが、そうでない庶民は〝浮利〟によって暮らしているのだ。西郷の言っているのは、あくまでも武士の世界の倫理なのである。

おそらく西郷にとっての理想とは、武士が武士らしく生きることができる国を作ることにあったのであろう。だから、豊かである必要もない。食べる分のコメがあればそれで十分であって、カネなどは不要であるというのが彼の考えであったように思われる。

つまり、彼の意識の中心にあったのは、士農工商の「士」と「農」であった。武士と農民を大事にするのが新国家の使命、と西郷は考えていたようである。

このような思想の持ち主である西郷が留守番をしている間に、岩倉使節団の一行が欧米で何を考えたか。それは前にも述べたように、「もはや〝武士の覚悟〟などと言っても勝ち目はない。これからは商業と工業を伸ばさないと駄目だ」ということであった。あくまでも「士農」を中心に据えるべきと考える西郷と、「商工」重視の洋行組とでは判断が合わなくなるのは当たり前の話である。

洋行組の大久保や木戸は帰国後、企業を興し、工場を作ろうと努力する。当然のことながら、そこでは外貨を稼ぐための工業製品を作ったりしているわけである。大久保らにとっては、「一刻も早く日本を近代化せねば国の存亡《そんぼう》にかかわる」というつもりであったが、西郷からすれば、政府を挙げてカネの亡者と化し、汚職に励んでいるようにしか見えなかったであろう。

（注1）**神道指令**　昭和二十年（一九四五）、マッカーサーを最高司令官とするＧＨＱ（連合国軍最高司令官総司令部）が日本政府に対して発した覚書「国家神道・神社神道に対する政府の保証、支援、保全、監督ならびに弘布《こうふ》の廃止に関する件」の通称。国家神道の廃止、政治と宗教の徹底的分離、神社神道の民間宗教としての存続などを指示した。

征韓論は内政問題だった

また、帰国後の大久保らは自宅を改築して立派な洋館を建てるのだが、これも西郷の目から見れば堕落に映った。

もちろん、大久保たちも贅沢《ぜいたく》をするつもりで改築をしたのではない。外国と対等に付き合っていくためには、西洋人の外交官を家に招いて会談せねばならないこともたびたびある。そのときに貧相な家に住んでいたら白人に侮《あなど》られるというので、洋風の家を造ったにすぎない。事実、大久保が暗殺されたあと調べてみると、財産はマイナスだったという。

洋行組の人間に言わせれば、「そもそもこんな家を豪邸と呼ぶこと自体、何も分かっていない証拠だ。この程度の大きさの家など、ヨーロッパにはごろごろしているのを知らんのか」という気分であったはずである。

しかし、いくら理由を聞かされても、西郷が納得するはずはない。西郷という人は維新後、新政府の高官になっても小さな家に住み続けた人である。彼は、維新で出世した人たちに対しては「お前たちに贅沢をさせるために維新をやったのではない」という気持ちでいっぱいであったと思われる。

西郷が朝鮮問題に固執した背景には、このような帰朝組の新政策に対する一種の反発があったと見るべきであろう。彼にとっての征韓論とは、外交問題というよりもむしろ内政問題だった。「これでは士族たちが可哀想ではないか」というのが西郷の心境であったであろう。

すでに版籍奉還《はんせきほうかん》、廃藩置県《はいはんちけん》がなされて、士族たちの地位は相対的に低下している。そこにきて、さらに商工業を国家建設の中心にしようとするのでは、西郷ならずとも「維新を実現させたのは他ならぬ武士ではないか」と叫びたくなるであろう。

しかも当時は維新が終わったばかりで、ただでさえ士族たちは逸《はや》る血気《けっき》を持てあましていた。戊辰戦争はあくまでも局地戦のようなもので、全国土にわたるような内戦が起こったわけではない。多くの武士は、「自分の出番が来ないうちに明治維新が終わってしまった」という気持ちを抱いていた。西郷が自ら遣韓大使《けんかんたいし》になり、朝鮮に開国を迫りたいと言い出したのは、こうした士族たちの気持ちをよく知っていたからであった。

おそらく西郷自身にとっては、実際に朝鮮に兵を出すことよりも、国内にいる不平士族たちのほうがより重要だったのかもしれない。つまり、近代化路線によって「工商」

の比重が大きくなるなか、武士たちがひと花咲かせる場所として、西郷は朝鮮半島に眼を向けたのである。そして、その時の西郷が、朝鮮半島がロシアの南下侵略の目標になっていることも視野に入れていたのは言うまでもない。

もちろん、西郷の進言は、大久保たちの徹底的な反対によって斥《しりぞ》けられた。「時期尚早《じきしょうそう》」、つまり、まだ早すぎるというのである。このときの廟議《びょうぎ》は、さながら大久保と西郷の死闘のようであったと伝えられている。この結果、西郷は下野《げや》する。

大久保と西郷は子供の頃からの友人だ。文字どおり、同じ釜の飯を食ったこともある仲だった。それで大久保は、西郷にも外国を見てくるように勧めている。まことに残念なことに、西郷には外国旅行が難しい病気があった。それで彼は薩摩に帰ったのである。その時、大久保は「あいつは若い時から禅坊主みたいなところがあって困ったものだ」という主旨のことを言っていた。西郷を尊敬はしていたが畏怖《いふ》してはいない男が、明治政府に一人いたことになる。大久保がいなければ、西南戦争が起こった時に「西郷を討つ」というガッツのある人間は、当時の日本には一人もいなかったであろう。

ただ、ここでぜひ言っておきたいのは、大久保・西郷双方とも一切の私情を挟まず、ただ国家のために激論を交わしたということである。

大久保が征韓論に反対した理由は、すでに述べたとおりである。大久保の頭には、「何としてでも近代化をせねば日本が危うい」という気持ちだけがあり、西郷に対する私情はまったくない。

また、西郷にしても同じである。彼ほどの信望があれば、クーデターによって大久保たちを打倒することは十分可能だった。おそらく庄内藩なども、全員刀と槍《やり》を担いで西郷のところに飛んでいったであろう。しかし、彼はあえてそういった方法を採らずに潔《いさぎよ》く下野する道を選んだ。権力を私物化し、国益を蔑《ないがし》ろにするような気持ちはどこにもなかったのである。

もちろん、こののちに西南戦争が起きるわけだが、これは彼が起こした戦争というより、周囲の状況が彼を戦争に引きずり込んだというほうが正解であろう。

実際、西南戦争の勃《ぼっ》発《ぱつ》直前、新政府に反乱を起こそうとする周辺の動きに対して、西郷は極力それを抑えようと努力している。自分と同じく、征韓論に敗れて下野した江藤新平が「佐賀の乱」を起こした時も、西郷は援助しなかった。また、薩摩で反政府行動が始まったときにも、西郷自身は山中で狩猟をしていてそれを知らなかったと言われる。

しかし西郷という人は、周囲から担がれれば地獄まで乗ってやろうという腹を持った人であったから、いざ戦争が始まってからは黙って首領の地位に就いたのである。

もし西郷が本気で薩摩軍を指揮していたら

これは余談になるが、もし西南戦争において西郷が積極的に動いていたら、薩軍の勝利とまではいかなくとも、その帰趨《きすう》は大きく変わっていたかもしれない。

前にも述べたように、当時の陸軍はその組織作りを始めたばかりで、近代的装備は持っていても、兵の多くは町人百姓あがりであり、ろくな訓練もしていなかった。それで、維新の最前線で働いた薩摩の武士たちと交戦した時にはまったく歯が立たないというありさまであった。このため、緒戦《しょせん》において政府軍は総崩れに近いありさまで、あっという間に熊本城は薩摩軍に包囲されてしまう。

ところが、ここで薩摩軍は戦略的なミスを犯す。それは、熊本城陥落に必要以上に執着してしまったことである。

熊本城は天下の名城であって、そう簡単に陥《お》ちるものではない。守城の将、谷干城《たにたてき》も必死になって防戦したので、薩摩軍の主力は熊本に釘づけになってしまった。

そうこうするうちに、政府軍の援軍が本州から上陸し、逆に薩摩側が包囲されることになった。こんな馬鹿なことは、もし西郷が本気で指揮していたらやらなかったであろう。

かつて徳川秀忠《とくがわひでただ》は、真田昌幸《さなだまさゆき》の信州上田城を陥落させるのに熱中しすぎて、肝心《かんじん》の関ヶ原の戦いに間に合わず、天下の笑い者になった。このとき、攻める徳川軍は真田側の十倍近い兵力を持っていた。それでも陥ちないところに攻城戦の難しさがある。薩摩も同じ轍《てつ》を踏んでしまったのである。

これはあくまでも「歴史のｉｆ《もしも》」にすぎないが、もし西郷が担がれるだけでなく積極的に全軍の指揮に当たっていたら、熊本城を積極的に攻めず、さっさと本州に向けて進撃していたであろう。西郷はそうした戦略眼を持っていた人だ。

しかし、たとえ西郷が陣頭指揮を執《と》ったとしても、西南戦争は最終的に政府軍の勝利に終わっていたであろう。西南戦争の勝敗を分けたのは結局、物量の差であった。

すでに述べたように、戦闘能力においても士気においても、薩摩軍のほうが上であった。この劣勢を盛り返すために政府軍が採ったのは、徹底的な物量作戦である。兵員にしても、また武器弾薬にしても、必要であればいくらでも本州から船舶で運び込む。しかも、政府軍にはすでに電信が装備され、東京との連絡に活用されている。

ここにおいてじわじわと薩摩軍は押し返され、とうとう鹿児島の城山《しろやま》で西郷が自刃《じじん》することとなるのである。

この時に城山に突入した政府軍の先頭に立っていたのが立見尚文《たつみなおふみ》であったのは、歴史のアイロニーである。立見は元来、桑名《くわな》藩士で、戊辰戦争では雷神隊《らいじんたい》を率いて長岡藩の河井継之助《かわいつぎのすけ》と協力して北越《ほくえつ》戦線で戦い、寡兵《かへい》でありながら連勝して官軍を散々悩ませた男である。のちに会津に移り、さらに庄内藩に移った。庄内藩が降伏するとそこの寺に隠れ、勉強をした。

維新後は、明治政府の下級司法官になっていたが、西南戦争において白兵戦《はくへいせん》のための抜刀隊《ばっとうたい》を作る必要を痛感した政府が、会津藩などの旧藩士を募《つの》った時に立見が呼び出された。北越の戦線で立見の戦いぶりに悩まされた山縣有朋《やまがたありとも》が、西南戦争で政府軍が苦戦中に立見のことを思い出し、名指しで呼び出したのだと伝えられている。

いずれにせよ、一時は庄内藩に匿《かくま》われていた男が、西郷の首を取る役に回ったのであった（立見はのちに、日清・日露の両役でも抜群の指揮官であることを示した。黒溝台《こっこうだい》の戦いでの活躍は、司馬遼太郎《しばりょうたろう》の『坂の上の雲』で活写されて有名になった）。

西南戦争を生き延びた軍人たち

余談ついでに書けば、「たとえ弱兵であっても、補給さえ十分に行えば究極的には勝つ」という西南戦争の貴重な戦訓は、昭和に入ってこの戦いの経験者が全員いなくなると、日本陸軍では見事に忘れ去られてしまった。この点において、日清・日露の戦争までの陸軍とは対照的である。

といっても、清国やロシアと戦ったときの日本陸軍が十分な物資を持っていたというわけではない。現実はその反対であった。だが、当時の陸軍首脳はみな西南戦争の生き残りであり、補給が勝敗を分けることを身をもって知っていたので、長期にわたる戦争は絶対に避けるという考えがあった。

たとえば日露戦争において、ごく初期の段階でアメリカのセオドア・ルーズベルト大統領に接触し、ロシアとの講和の準備をしているのも、「長期戦になったら物量の差が勝敗を分ける」ということを実感していたことが大きい。事程左様《ことほどさよう》に、西南戦争は後世に大きな影響を与えた。

日露戦争の話に付け加えれば、圧倒的な軍事力を持つロシアに対して日本軍があれほどの戦果を挙げえたのは、一つには指揮していた人たちが、みな西南戦争を体験した人たちであったということがある。

参謀総長・山縣有朋《やまがたありとも》、満洲派遣軍総司令官・大山巌《おおやまいわお》、同参謀総長・児玉源太郎《こだまげんたろう》、さらに黒木為楨《くろきためもと》、奥保鞏《おくやすかた》、野津道貫《のづみちつら》、乃木希典《のぎまれすけ》など日露戦争に活躍した司令官たちは、みな共通して西南戦争の体験者である。

西南戦争では、双方合わせると死傷者は三万人に上った。このような激戦のなかでは、単に才能があったり、度胸があるだけでは生き残れない。やはり、運と勘《かん》がよくなければ生き残ることはできないのである。

その意味で、西南戦争で生き残った軍人たちは、いわば〝幸運の女神〟に好かれた人間であった。そして、こうした人たちが日露戦争の陸軍を指揮していたということが、ロシアとの戦いに勝利を収める一つの要因になったと言っても言い過ぎではあるまい。

第4章　明治憲法の意義と危うさ

憲法を制定した最大の理由

欧化政策を徹底的に推進し、国力を高めなければ日本の生き残る道はない――明治の元勲《げんくん》たちが、自ら欧米を視察し、西洋文明の力を見てわかったのはこのような現実であった。そして、日本を西洋化するまでは諸外国とは事を構えないという外交上の大方針も、この外遊体験が生み出したものであった。

こうした明治政府首脳の断固たる決意は、西南戦争が終結したあとも、当然ながら堅持された。そして、新政府のすべての政策は、この方針に沿った形で立案・実行されたといっても過言ではない。そのことは、明治二十二年（一八八九）に発布された大日本帝国憲法、いわゆる明治憲法も例外ではない。

明治十一年（一八七八）に大久保利通《おおくぼとしみち》が暗殺されたあと、明治政府のトップとなったのは伊藤博文《いとうひろぶみ》であった。その伊藤が自ら欧米を回って研究して、明治憲法を作り上げた。一国の宰相《さいしょう》とも言うべき人が、政務を休んでまで憲法制定に力を注いだというのは、やはり世界史上、異例のことであった。

一般的には、明治憲法が制定された事情として、国民の間から自由民権運動（注1）

が起こり、その要求に応えるためであったということが言われている。たしかに、これも間違いではない。

新政府は、一刻も早く日本の近代化を実現するため、今日の民主主義に慣れた目から見れば強引ともいえる方法で、諸制度の改革を進めていた。このため、士族を中心とした層から政府批判が生まれ、参政権を求める自由民権運動が起こった。運動家のなかには、内乱や高官の暗殺を企《くわだ》てる過激派もいたほどであった。こうした自由民権運動の高まりを、明治政府も無視できなかったのは事実であろう。

しかし、新政府が明治十八年（一八八五）に内閣制度を作り、また、その四年後に明治憲法を発布した最大の理由はもっと別のところにあった。それは、政府にとって最大の懸案《けんあん》であった不平等条約の解消である。

（注１）**自由民権運動**　明治前期、藩閥《はんばつ》政治に反対して国会開設・憲法制定などを要求した政治運動。明治七年（一八七四）、征韓論によって下野《げや》した板垣退助《いたがきたいすけ》が後藤象二郎《ごとうしょうじろう》、江藤《えとう》新平《しんぺい》たちとともに民撰議院設立建白書を提出したことから全国的な広がりを見せ、自由党や立憲改進党などの政党が結成されたが、政府の弾圧強化と運動内部の対立などがあったうえ、

政府が憲法制定を約束したので衰退していった。

必死だった鹿鳴館外交

安政《あんせい》五年（一八五八）、当時の幕府はアメリカをはじめとする欧米五カ国と通商条約を結んで正式な国交を持つようになったのだが、ここで日本は決定的に不利な条項を二つ押し付けられることになった。

その一つは関税自主権の問題である。

安政の条約では、日本が関税率を変える場合には、必ず相手の国と協議しなければならないとされていた。本来、関税というのは、その国が独自の判断で定めていいものなのに、当時の日本には許されなかった。

その結果、西洋諸国が安い商品を送り込んで国内産業を壊滅させても、日本政府は黙って見ている以外になかった。普通なら、輸入関税を引き上げることで貿易量を制限できるのだが、それが不可能なのだ。

しかし、それよりも大きな問題であったのは、治外法権（extraterritoriality）の制度である。つまり、領事裁判制度である。外国人が日本の領土のなかで犯罪を行った場合、日本政府はその犯人を捕まえることはできても裁くことができない。その犯人を裁けるのは、その国の領事だけとされた。

彼らの言い分としては、「日本の法体系は未整備であり、そのような野蛮国の法律に自国民を委《ゆだ》ねるのは危険である」というものであった。まったく乱暴な理屈であるが、当時の西洋諸国は非白人国を野蛮ときめつけ、例外なく治外法権を押し付けていたのである。

当時の日本政府が、躍起《やっき》になって治外法権条項を改正しようとしたのは言うまでもない。自国の領土内で起きたことに対して何も手出しができないようでは、日本はいつまで経っても半人前の国家で、主権国家とは言えないのだ。

そこで、明治政府は日本も立派な文明国であることを諸外国に示すために盛んに努力をした。その最も有名な例が鹿鳴館《ろくめいかん》（注1）である。

鹿鳴館は、当時の日本では大変評判が悪かった。「そこまで西洋の猿真似《さるまね》をして白人の歓心を得たいのか」という声が、あちこちで起こった。いまでも鹿鳴館外交というと、軽薄な西洋崇拝といったイメージがある。

しかし、これをやった明治政府の人々はまことに真剣だったのである。こんなエピソードもある。

明治政府の貴顕《きけん》たちは、芸者上がりの女性を夫人にした人が多かった。維新の志士たちは料亭に集まり、そこを根城《ねじろ》にしたようなところがあるから、芸者との関係も後世のようではなかった。伊藤博文などもその一人である。

元芸者というと、いまでも日本の社会ではとやかく言う人もいるが、こと社交ということに関しては、箱入り娘で育った武家の嫁では務まらない。芸者出身のほうが人見知りもしないし、相手が偉くても怖《お》じ気《け》づかない。また、話題も豊富だし、音楽の素養もあるのだからずっと適性がある。これは想像だが、鹿鳴館外交において、彼女たちの果たした役割も相当に大きかったはずである。

しかし、こうした芸者出身の夫人たちにも一つだけ困ったことがあった。それは、当時の芸者というのはみな、お灸《きゆう》をやっていて、背中に灸をすえた跡が残っているのだ。背中の開いたドレスを着ると、その跡が丸見えになる。外国人たちは「なぜ日本のレディはみな背中をヤケドしているのか」と驚いたという。

お灸の跡を丸出しでドレスを着るというのは、やはり笑い話に属するエピソードであろう。しかし、それを滑稽《こっけい》だと思うのは、やはり一面しか見ていないのであって、治外法権を撤廃するためにどれだけ維新の元勲たちが必死であったかを、まず我々は思うべきではないだろうか。

（注１）**鹿鳴館**　欧米諸国に日本の文明開化と欧風化を印象づけ、条約改正交渉を有利に進めるために東京・内幸町《うちさいわいちょう》に建てられた西洋風の官設社交場。イギリス人コンドルの設計により明治十六年（一八八三）完成。外国からの貴賓や外交官、上流階級を招いての舞踏会などが開かれて、欧化主義の象徴となった。のち華族会館となり、昭和十六年（一九四一）に取り壊された。

なぜプロイセン憲法を手本にしたか

治外法権を撤廃し、一人前の国家になる——明治憲法も、そうした危機意識から生み出されたものであった。日本が諸外国から近代的な法治国家と見なされるためには、やはり法体系の根幹となるべき憲法を制定しなければいけない。伊藤博文が自ら憲法調査を行ったのは、そうしたことが背景にあった。

だが明治十五年（一八八二）、欧州出張に出た伊藤博文は、当初、ずいぶん落ち込んだようである。
なるほど、議会制民主主義の最先進国はイギリスである。しかし、イギリスの憲法は長年の慣習を積み上げた〝不文憲法《アンリトウン・コンスティテューション》〟（unwritten constitution）であり、まとまった「憲法」とはなっていないから、一朝一夕《いっちょういっせき》に真似できるものではない。また、アメリカやフランスは成文法の憲法であるが共和制ということで、天皇を戴《いただ》く日本には合わない。

治外法権条項を撤廃するために、できるだけ早く欧米並みの憲法を作ろうと考えた伊藤は、こうした事情を知って相当がっくりきたようである。

そこで伊藤は、オーストリアとドイツに向かう。オーストリアはハプスブルグ家の皇帝を戴く国である。ドイツ帝国は、一八七一年にドイツ統一を果たしたばかりの新興国家ではあるが、鉄血宰相《てっけつさいしょう》と呼ばれたビスマルク（注1）が辣腕《らつわん》を揮《ふる》って、非常に国力が伸びていた。この地で伊藤はオーストリアのシュタイン、ドイツのグナイストという二人の憲法学者に就いて立憲君主制の憲法を学び、自信を得た。オーストリア・ハンガリー帝国という世襲の君主を戴く国に〝成文憲法《リトウン・コンスティテューション》〟のあることを知った伊藤は、愁《しゅう》眉《び》を開いた。シュタインの講義は彼を喜ばせた。そのあとに訪問したドイツのグナイストの存在は、とくに重要であった。

ベルリン大学の憲法学者、グナイストを紹介したのはビスマルクであった。グナイストは元来、ローマ法の教授であったが、行政実務の経験もあり、一方でイギリス法にも精通して、『イギリス憲政史』という名著も執筆したほどの人物である。同書はイギリス本国にも類書のない法制通史であり、英訳が二巻本として出版されてもいる。つまり伊藤は、世界一の憲法学者を紹介されたことになる。

このグナイストは伊藤に、「日本は旧プロイセン（注2）憲法を手本とするべきだ」という助言を与えた。いまから見ても、この助言はまさに的確なものである。彼はおそらく、伊藤にこう言ったであろう。

「なるほど、ドイツ帝国にも憲法はある。しかしドイツ帝国は、さまざまな小国家を統一して生まれた連合国家である。単一民族の国家である日本には参考にならないところもあるだろう。それよりも、ドイツ帝国の中心となったホーエンツォレルン家のプロイセン王国の憲法のほうが、貴国の国情に適している」

当時の日本の国号は「大日本帝国」であったが、帝国という名称に惑わされず、「日本は王国の憲法を手本にしたほうがいい」としたグナイストは、まさに慧眼《けいがん》の人であった。

国王のことを英語ではking《キング》と言うが（ドイツ語ではKönig《キューニッヒ》）、この言葉は本来、「一族の長」という意味である。「酋長《しゅうちょう》」と言ったほうが分かりやすいかもしれない。日本史の例で言うと、八幡太郎義家《はちまんたろうよしいえ》（注3）などは源氏という一族の統領、すなわちゲルマン語（英語やドイツ語）の〝キング〟に相当する者だった。

こうしたことから、元来、ヨーロッパでは、実力だけで下から成り上がった人間はまずキングになれない。ナポレオンは実力で皇帝になったが、フランス国王になることはできなかった。国王には〝血統〟が必要なのである。そのくらい、キングとエンペラーは違うのである（もっとも、ナポレオンは弟や子供、将軍たちを小国の「王」にした。彼は「帝」になったから「王」を作ることができたのだ）。

こんな話もある。

ドイツ帝国の初代皇帝ヴィルヘルム一世は、もともとプロイセンの国王であった。プロイセンは、彼の先祖たちが異教徒たちと戦い、血と汗を流して作った国である。彼の先祖、フリードリヒ大王がオーストリアと死闘を繰り広げた話（シュレージェン戦争と七年戦争）は、ヨーロッパ史上あまりにも有名である。このようなプロイセンの歴史を、ヴィルヘルム一世が大変誇りに思っていたのは当然のことである。

だから、彼がとうとうドイツを統一し、その初代皇帝の座に就くことになったとき、その心境は複雑であったという。なぜなら、皇帝になるということは、プロイセン国王という呼び名と別れなければならないということになるからである。皇帝戴冠式《たいかんしき》の前日、ヴィルヘルム一世はさめざめと泣いたと伝えられている。また戴冠式でも、自分を皇帝の座に就けた張本人のビスマルク首相をまったく無視し、握手すら拒んだという。

彼にとって「国王」の座というのは、何ものにも代え難《がた》いものであった。それはそうであろう、〝成り上がり〟のナポレオンだって「皇帝」になったのだから。

ヨーロッパ的な意味では、日本の天皇は国王であって皇帝ではない。天皇は日本民族の長であり、一朝一夕《いっちょういっせき》に成り上がった権力者ではない。だから、グナイストが旧プロイセン憲法を手本にすべきであると助言したのは、まことに正しかったのだ。

（注1）**オットー・フォン・ビスマルク**（一八一五～一八九八）ドイツの政治家。プロイセン王国首相としてヴィルヘルム一世の右腕となり、ドイツ統一は「鉄（武器）と血（兵士）によってのみなされる」（この言葉から鉄血宰相と呼ばれた）と主張して軍備を増強。普《ふ》墺《おう》（対オーストリア）戦争、普仏《ふふつ》（対フランス）戦争に勝利し、一八七一年、ドイツ統一を

成し遂げた。ヴィルヘルム一世をドイツ皇帝に就けるとともに帝国初代宰相となり、保護関税政策によって国内産業を育成し、また外交にも手腕を発揮してヨーロッパ外交の主導権を握る。一八九〇年、ヴィルヘルム二世と衝突して解任された。

（注2）**プロイセン**　ドイツ北東部を占め、一七〇一年、ブランデンブルク選帝侯フリードリヒ三世（プロイセン国王フリードリヒ一世）を王としてプロイセン王国が成立。ドイツで最も強大な王国に成長し、普仏戦争の結果、ドイツ帝国を成立させてその中核となった。第一次世界大戦後にはドイツ共和国の一州となり、第二次世界大戦後は「ドイツ軍国主義と反動の先鋒《せんぽう》」として州としても解体された。英語名はプロシア。

（注3）**八幡太郎義家**　源義家（一〇三九～一一〇六）の通称。平安後期の武将。弓の名人とされる。前九年《ぜんくねん》の役《えき》で父・頼義《よりよし》を助けて安倍《あべ》氏を討ち、陸奥守兼鎮守府《ちんじゅふ》将軍となり、後三《ごさん》年《ねん》の役《えき》を鎮定《ちんてい》。東国における源氏勢力の基盤を築いた。

「首相」も「内閣」の文字もない明治憲法

伊藤はグナイストのアドバイスを受け容れ、プロイセンの憲法を下敷きに新憲法を作ることにした。

グナイストが行った講義の記録が、昭和に入って、伊藤の秘書であった伊東巳代治《いとうみよじ》の書斎から発見された。彼はグナイストの講義の時の筆記役だった。それを読むと、いかに伊藤がグナイストの指導に忠実に明治憲法を作ったかがよく分かる。

たとえば、プロイセン憲法では「国王は軍隊を統帥《とうすい》する」と規定しているが、これがそのまま明治憲法第十一条の「天皇ハ陸海軍ヲ統帥ス」という条項になっている。

また、内閣の規定にしても、伊藤はプロイセンのやり方を踏襲《とうしゅう》している。

すでに当時のイギリスでは、今日のような責任内閣制度が定着していた。これは、首相が内閣の最高責任者であって、その指示に従わないような大臣はいつでも馘《くび》にできるという制度である。言うまでもないが、いまの日本の内閣も責任内閣制度によっている。

ところが、伊藤が作った明治憲法を見ると、そこには一言たりとも「首相」という言葉も、「総理大臣」という単語もない。それどころか、「内閣」という文字もないのである。つまり、明治憲法の規定から言えば、戦前の日本には首相も内閣もなかったことになるのである（この問題については第６巻『昭和篇　「昭和の大戦」への道』を参照されたい）。

このようなことになったのは、グナイストが伊藤に対して「イギリスのような内閣制度を採用すべきではない」ということをアドバイスしたからにほかならない。なぜなら、いつでも大臣の首を切れるような首相を作ると、国王（日本においては天皇）の権力が低下するからである。グナイストは、「あくまでも行政権は国王や皇帝の権利であって、それを首相に譲ってはいけない」という意見であった。また、幕府を知っていた伊藤たちは、首相が徳川時代の「将軍」のようになっては困るし、また西郷のような人が出て首相になるのも怖いと考えたらしい。

この意見を採用した結果、戦前の日本は憲法上、「内閣も首相も存在しない国」になった。もちろん、実際には内閣も首相も存在したわけだが、これは憲法に規定されたものではない。それどころか、内閣制度は憲法発布（明治二十二年＝一八八九年）よりも四年前の明治十八年（一八八五）に制定されているのである。また、現実問題として、ほかの大臣の首を切れないような首相では首相と呼べないのである。

憲法に首相の規定がないということは、のちに日本に大変な災いをもたらすことになる。昭和に入って、軍部がこの明治憲法の〝欠陥〟に気づき、政府を無視して暴走し始めたのである。彼らは「我々は天皇に直属するのであって、政府の指図《さしず》を受けなくともいいのだ」という屁理屈《へりくつ》を持ち出したのだ。

これはまったくの暴論ではあるが、憲法上の規定ではたしかにそうなっているのである。

そもそも、明治憲法では「陸海軍は天皇に直属する」と明記されているのに対して、内閣や首相については一言も触れていない。これでは、軍に憲法の条文を振り回されれば政府に勝ち目はない。これが、昭和五年のロンドン条約（海軍軍縮）を契機として起きた〝統帥権干犯問題《とうすいけんかんぱん》〟の本質であった。

憲法の規定に首相も内閣もなく、したがって条文上、軍のことに政府が口出しできないと分かったとき、〝昭和の悲劇〟は始まった。これ以来、日本政府は軍部の意向に逆らうことはできなくなった。その結果、シナ大陸での戦争は止めどなく拡大し、挙げ句の果てには日米開戦に突入することになったのである。

今日の我々からしてみると、内閣も首相も規定していないような明治憲法は「欠陥憲法」という外《ほか》はない。もし明治憲法制定に当たって、たとえ責任内閣制度でないにしても、首相について明確に規定しておれば、もう少し軍部の暴走に抵抗できたのではないかという思いは尽きない。

しかしだからといって、伊藤博文の罪を責めるのは少々酷《こく》であろう。なぜなら、すでに書いたように、伊藤が急ごしらえで憲法を作った大きな目的は、治外法権条項の撤廃にあったからである。

伊藤にしても、「明治憲法に欠陥なし」とは思わなかったであろう。本来、憲法とはそれぞれの国情を反映して作られたもので、そうそう簡単に移植できるものではない——欧米各国を視察した伊藤は、そのことを痛感していたはずである。

グナイストにしても、「プロイセン憲法をそっくり真似すればいいじゃないか」と言うような三流学者ではない。

英語で憲法のことを、コンスティテューション（constitution）と言う。コンスティテューションという単語を個人に使う場合は「体質」という訳語が当てられるが、憲法とはまさに「国家の体質」を規定したものなのだ。

多分、伊藤はグナイストに「即席で憲法を作ることなどできないのは、十分承知している。だが、日本には憲法をじっくり検討するような余裕はないのだ」というようなことを訴えたであろう。そしてそれを諒《りょう》として、グナイストも伊藤に憲法講義を行ったと思われる。

明治憲法は改正できたか

明治憲法は、いわば突貫工事のようにして作られたわけだが、それでも昭和になって軍が統帥権のことを持ち出すまで問題が起きなかったのは、元勲（のちに元老《げんろう》と呼ばれるようになる）たちがいたからである。

元勲というのは天皇の諮問《しもん》を受ける維新の功臣たちのことで、当初のメンバーは、伊藤博文、黒田清隆《くろだきよたか》、山縣有朋《やまがたありとも》、松方正義《まつかたまさよし》、井上馨《いのうえかおる》、西郷従道《さいごうつぐみち》、大山巖《おおやまいわお》であった（のちに西園寺公望《さいおんじきんもち》、桂太郎《かつらたろう》が加わる）。彼らは文字どおり、命を賭けて明治維新を起こした人物であり、明治天皇の信任も篤《あつ》い。彼ら元勲たちが健在であった間は、憲法の欠陥が表面化することはなかったのである。

たとえば、すでに述べたとおり、明治憲法においては首相の規定がない。だが、それにもかかわらず首相が政府の代表者となりえたのは、元勲たちが次期内閣の首班《しゅはん》を指名するという決まりになっていたからである。

当時の感覚からすれば、元勲たちが推薦するということは天皇の眼鏡に適《かな》う人物であるということであった。そのくらい、天皇と元勲たちとの信頼関係は強かった。

つまり、元勲たちが選んだということは天皇が選んだということに等しく、したがって首相の決定に対して他の大臣や軍部が逆らうことは考えられなかった。それは天皇への反逆に等しいのである。だから「軍は政府の言うことを聞かなくてもいい」などと言うような人物なぞ、ありえなかったのである。

天皇と元勲たちの信頼関係に基づく磐石《ばんじゃく》の体制があったからこそ、伊藤は多少の傷は気にせず、速成で憲法を作れた。しかし、その伊藤にしてもたった一つ誤算があった。それは、「元勲たちがこの世を去ればどうなるのか」ということを考慮に入れなかったらしいことである。

実際、昭和初年になって元勲たちという重石《おもし》がなくなってから、急に首相を軽んずる勢力が現れたと言っても過言ではない。かくして憲法の条文は独り歩きを始め、軍部の独走を許してしまう結果となってしまった。

軍部のクーデターが日本を揺るがした昭和七年（一九三二）の五・一五事件や、昭和十一年（一九三六）の二・二六事件のとき、元老は公家《くげ》あがりの西園寺公望ただ一人であった。

すでに黒田は明治三十三年（一九〇〇）、西郷は同三十五年、伊藤は同四十二年（一九〇九）、桂は大正二年（一九一三）、井上は同四年、大山は同五年、山縣は同十一年（一九二二）、松方は同十三年に死亡している。

昭和になる前に、明治憲法の健全な担保ともなる元勲は全て死亡していたのだ。二・二六事件を見て、「山縣老公が生きていたらこんなことはなかったろう」と嘆声《たんせい》を挙げた人がいたが、それは正しかったのである。生きていた元老は西園寺公望一人だけだった。彼一人では元勲会議のような力はなく、軍を抑えることはできない。

すでに起こってしまったことを云々《うんぬん》するのは、所詮後知恵で言ってみても仕方のないことではある。しかし今後のためにも、このことは何度でも繰り返して述べたい。

最も致命的だったのは、明治憲法が〝不磨《ふま》の大典《たいてん》〟とされたことである。この言葉があるために、明治憲法はその条文を改正することはほとんど不可能に近かった。しかし悔やまれてならないのは、伊藤博文が「ポスト元勲時代」を見越して、憲法を実情に適った形で改訂していく道を残してくれていたら昭和の悲劇は起こらなかったのでは、ということである。

伊藤のため一言弁明しておけば、明治憲法にも改正のための条項はあった。それは第七十三条に「将来此ノ憲法ヲ改正スルノ必要アルトキハ勅命《チヨクメイ》ヲ以《モツ》テ議案ヲ帝国議会ノ議ニ付スヘシ」とある。だから、改正にはまずその「勅命」が必要である。その「勅命」が必要であると信じて、その手続きを実現しようとした人がいなかっただけである。もし

「勅命」が出れば、議員の九分の四（の賛成）で改正はできたのである。

どんな憲法であれ、人間の作ったものである以上、欠陥はありえる。また状況が変われば、憲法（コンスティテューション）も変わらなければいけない。人間だって、齢《とし》を取れば体質（コンスティテューション）が変わるではないか。明治憲法が〝不磨の大典〟とされたとき、すでに昭和の悲劇が始まったと言っていいだろう。アメリカをはじめ、欧米の諸国は平均すると数年に一度は憲法に手を加えているが、これが正常なのだ。さらにイギリスの憲法は成文法ではないがゆえに、常に変わり続けていると言ってもよいのである。

ちなみに、敗戦後の占領下において新憲法が作られ、天皇の地位が変わったような印象を与える言論が行われているが、それは違う。明治憲法における天皇は、立法府（議会）が作った法律に権威を与える役目を果たされているのである。この点は占領憲法の下でも同じで、天皇が国会の開会を宣言される。

占領下の憲法において皇室に関して根本的に変えられたところは、皇室典範《こうしつてんぱん》が憲法の下位の法律にされたことである。

「教育勅語」こそ実質的な憲法だった

所詮、明治憲法は文明国の体裁《ていさい》を整えるための〝借り着〟にすぎないとはいっても、国家を運営するにあたって、その〝体質〟に適《あ》った基本理念はあったほうがいい。国民の体質に適合した理念がなければ、それは単なる「烏合《うごう》の衆《しゅう》」のようなものであり、国民国家とは呼べない。ところが、明治憲法だけではやや不十分と言わざるをえない。明治の元勲たちも、そのように考えたようである。

そこで作られたのが、憲法発布の翌年（明治二十三年＝一八九〇年）に出された教育勅《きょういくちょく》語《ご》であったと思われる。

戦前の義務教育では、ほとんどと言っていいほど明治憲法のことを教えなかったが、その代わり、子供たちに徹底的に教育勅語を暗記させた。また、入学式や式日《しきじつ》（元旦、紀元節、天長節、明治節）などでは、必ず校長が教育勅語を読み上げた。それは、教育勅語のほうが実際の「憲　法《コンスティテューション》」であったからだと考えれば分かりやすい。日本という国の体　質《コンスティテューション》、つまり「国体」に合っていたのである。

教育勅語がまず説くのは、日本人の伝統的な倫理観である。つまり、万世一系の皇室の尊さを述べ、それから「親を大事にせよ」とか「友人や配偶者と仲よくせよ」「身を謹《つつし》んで学業に励め」「人格を修養せよ」というようなことである。

このような個人的徳目を並べたのちに、勅語は「一旦緩急《いったんかんきゅう》アレバ義勇公《こう》ニ奉ジ以《もっ》テ天《てん》壌無窮《じょうむきゅう》ノ皇運《こううん》ヲ扶翼《ふよく》スベシ」と言う。教育勅語のなかで最も重要な部分はここである。

このくだりを読んで、「やはり教育勅語は軍国主義的だ」と思う人もいよう。昭和になってから、教育勅語のなかの「天壌無窮ノ皇運」とか「億兆《おくちょう》心ヲ一《いつ》ニシテ」という部分がとくに強調されるようになったのは事実であるが、それは勅語本来の精神とは別問題である。この勅語を作った人たちの感覚としては、「徳川家の幕府や大名という主家に対して忠誠を尽くしていた時代は終わった。これからは国家に忠誠を尽くせ」ということを言いたかったのである。国の象徴が天皇であるのだから（現行憲法でも同じ）、「皇運を扶翼」することは「国の繁栄に貢献」するということと全く同じ意味であり、表現が伝統的で古風なだけなのである。

ことに、勅語が発布された明治二十三年（一八九〇）当時は、前述のとおり、各地で自由民権運動が盛んになり、反政府活動が起こっていた時期である。

もちろん、この教育勅語は明治憲法のように法律の体《てい》をなしていない。大臣の副署もないから、明らかに法律ではない。書いてあるのは理念だけで、その運用方法はまったく書かれていない。しかし本来、憲法というのは国家としての理念を示すのが目的であって、実際の運用は法律に任せればいいのだからそれでも構わないのだ。

少なくともこの勅語に書いてあるとおり、親孝行をして、勉学に励み、国家に忠誠を尽くせば、戦前においては犯罪者になることはなかったし、誰からも非難されることはなかった。その意味で、教育勅語はまさに国体（国の体質）としての憲法だったのである。

こうして見ていくと、明治の日本は明治憲法と教育勅語の「二重法制」の国であったということもできる。形式としては明治憲法を日本の法体系の頂点に置くが、実際には教育勅語の精神で国家を統治するというのが明治政府の本音であった。

現代人の感覚からすると、二重法制は異常な状態のように思われるかもしれないが、実はこうしたことは、江戸時代以前にもあったことなのである。それは律令《りつりょう》と式目《しきもく》の関係である。

「御成敗式目」以来の二重法制国家

古代の日本は「律令《りつりょう》体制」という呼び名のとおり、律令を基本法として国家統治が行われていたわけだが、この律令は当時のシナからの輸入物であった。明治政府がプロイセンの憲法を日本に輸入したのとまったく同じ構図である。

そもそも律令体制が完成する契機となった「大化《たいか》の改新《かいしん》」自体、「明治維新」と共通点が多い。

大化の改新というのは、一言でいえば、国粋派《こくすいは》の中臣《なかとみ》氏と国際派の蘇我《そが》氏との間の政権抗争に起源があった。蘇我氏のほうが朝廷にも仏教を入れようとしたのに対し、一方の中臣氏らは「従来どおり神を祀《まつ》るべきだ」と主張したところから両者の争いは始まった。攘夷《じょうい》と開国とに分かれた明治維新と同じである。しかも政権を掌握するやいなや、国粋派がいままでの主張をガラリと変え、開化政策を採って先進国（シナ）から憲法（大《たい》宝《ほう》律令）を輸入したあたりも、まさに瓜《うり》二つである。

さてその律令だが、シナから移植するに当たって、当時の朝廷も明治政府同様、日本風に内容をアレンジした（詳細は第一巻『古代篇』を参照されたい）。だが、やはり結局は〝借り着〟であって、こちらも実質的な力を持たなかった。何しろ、天皇自らが律令無視を行って平気なのである。

たとえば、律令の仏教に関する規定に「僧尼令《そうにりょう》」というものがあるが、そこでは「僧侶が国家のことに関与してはならない」という項目がある。今日風に言えば、政教分離の規定である。

ところが、実際に何が行われたかといえば、大宝律令公布から四十年後の天平十三年《てんぴょう》（七四一）に、聖武天皇《しょうむ》自《みずか》らが諸国に国分寺を作らせ、国家の平安を祈らせているのだ。これは立派な律令違反である。もちろん、法理論から言えば「天皇は唯一の主権者なのだから、律令の適用範囲外なのだ」ということもできるだろうが、律令がまったく無視されていることに変わりはない。

また、律令にはちゃんと刑法の規定があって死刑についても明記されていたのだが、平安時代には事実上、死刑が廃止されてしまった。もちろん、律令の死刑規定は削除されず、そのまま残されているのである。

このようにどんどん形骸化《けいがいか》していった律令に止《とど》めを刺したのが、貞永《じょうえい》元年（一二三二）、鎌倉幕府の執権《しっけん》・北条泰時《ほうじょうやすとき》が出した御成敗式目《ごせいばい》（貞永式目）であった（この式目の重要性を広く知らしめたのは、故山本七平《やまもとしちへい》氏の功績である）。

御成敗式目は、言ってみれば武家の「慣習」と「道理」を集大成したもので、誰の目にもよく分かる法律だった。御成敗式目で泰時は、「京都の律令は漢字みたいなものであり、これに対して式目は仮名のようなものである」と書いているが、まさにそのとおりで、式目は当時の人間の感覚にぴったりきたのである。

たとえば、その第一条を読むと「よくカミを拝め」と書いてあるのだが、続く第二条では「よくホトケを拝め」と書いてある。西洋人から見ればこんなに矛盾した法律はないのだが、「カミもホトケも拝め」とあるほうが安心できるのが日本人の体質（コンスティテューション）なのである。

御成敗式目は日本人の体質に適《あ》ったから、長く力を持った。式目は政権が変わるたびに呼び名は変わり、内容も改訂されたが、その力は江戸時代が終わるまで続いた。

しかし、ここで面白いのは、御成敗式目以後も律令がなくならず、生き続けたという事実である。たとえば、「忠臣蔵」に出てくる吉良《きら》上野介《こうずけのすけ》とか浅野《あさの》内匠頭《たくみのかみ》と言うときの「上野介」とか「内匠頭」という呼び名は律令制の官職名で、形式的には京都の朝廷から任命されることになっていた。つまり貞永以来、六百五十年にわたって、日本は二重法制の国家であったことになる。

このような経験があったから、憲法と勅語の両立体制は決して初めてのことではなかったのだ。はたして伊藤がそのことを明確に自覚していたかは分からないが、憲法上に規定のない首相や元老制を設置しても誰も文句を言わなかったのは、そうした感覚が日本人のなかにあったからだと思われる。

財閥優遇策が日本を守った

余談が長くなったが、明治憲法がヨーロッパ直輸入のもので、日本の体質には本来馴《な》染《じ》まないものであったのは、否定できない事実であろう。だが、だからといって、明治憲法や、さらに明治維新そのものの価値までを否定するのは短絡にすぎると思う。それは借り着に近かったが、あくまでも自主憲法であり、日本人の体質や習慣も摂《と》り込まれていたのである。

戦後の左翼的な歴史観において、明治維新の諸改革やその後の富国強兵策はまったく目の敵《かたき》にされ、否定的な評価ばかりが罷《まか》り通った。しかし何度も繰り返すように、欧米列強の植民地化政策に対して日本が生き残るための選択肢は、急速に欧化政策を進めて国力を高める道しかなかったということは、ぜひ忘れずにいてもらいたいと思う。

たしかに、明治憲法には首相や内閣の規定がなく、それが昭和の悲劇をもたらすことになった。だが、明治の元老たちがあのとき、拙速《せっそく》を覚悟で憲法を作ってくれていなければ、日本はいつまで経っても条約改正を実現できなかったであろう。

現実には、明治三十二年（一八九九）に治外法権が撤廃され、明治四十四年（一九一一）に関税自主権も回復し、日本は名実ともに独立国になった。だが、憲法を中心とした近代法体系を構築していなければ、これはもっと遅れたのではないか。

それは、憲法以外の欧化政策にしても同じことである。

たとえば、明治政府が行った殖産興業《しょくさんこうぎょう》政策は、一部の財閥《ざいばつ》を優遇しているということで当時から評判が悪かった。とくにそのなかでも悪名が高かったのは元老・井上馨で、彼のことを「三井《みつい》（注1）の番頭」と呼ぶ人も多かった。

井上に対する世評は、おそらく事実であったろう。彼は、自分が設立した貿易商社をそっくりそのまま三井財閥に買い取らせているし（これがのちの三井物産になる）、そのほかの面でも三井に便宜《べんぎ》を図っている。そこではカネも動いたはずである。

こうしたことを見て、今日の我々が井上馨のことを「腐敗している」とか「堕落している」というのは、実に簡単なことである。だが、もしも明治政府が「腐敗」を恐れるあまり、肝心の財閥育成を止めてしまったとしたら日本はどうなっただろう。どんなに零細企業が集まっても、欧米の大資本には太刀打ちできない。結局、当時の清《しん》国やインドのように、日本の経済も欧米資本が牛耳《ぎゅうじ》るようになったことは想像に難くない。

たとえば、渋沢栄一《しぶさわえいいち》（注2）が日本の海運業界のために働いて一大郵船会社を作るのに熱心だったのは、いくら貿易をやっても外国の大きな船会社に法外な運賃を取られては利益がなくなるからであった。いろんな分野で外国と競争するには、外国に劣らない大会社が必要だったのである。

ところで、この明治の財閥優遇策の意味を正しく評価した外国の人に、韓国の朴正熙《ぼくせいき》（注3）元大統領がいることを指摘しておきたい。

朴元大統領は、日本の進歩的文化人やマスコミに言わせると「クーデターによって大統領の座に就いた稀代《きだい》の独裁者」ということになるようだが、実際は逆であって、今日の韓国があるのは、ひとえに朴元大統領の功績といっていいであろう。

何しろ彼が大統領に就任した一九六三年当時は、朝鮮戦争が終わって十年も経っているのに、経済は一向に復興していない。経済危機の連続といってもいいような状態であった。何しろ一人当たりのＧＮＰが五十～六十ドル前後を低迷しており（ちなみに日本は当時、七百三十ドル）、「アフリカ並み」と言われ、世界でも最貧国のレベルに近かった。

ところが、彼が大統領になってからというもの、韓国のＧＮＰは年平均一〇％近くの成長率を示し、僅か十年あまりで「アジアの昇竜」と呼ばれるようになった。これが彼の功績でなくして何であろうか。

この朴大統領が採った経済政策の主眼は、明治の日本が欧米先進国から全てを吸収しようとした方針を真似し、日本のやり方をわがものにすることであった。その一つが、財閥の保護育成であった。「現代《ヒュンダイ》」「三星《サムスン》」あるいは「大宇《デーウ》」という財閥は、すべて彼の庇護《ひご》によって発展して、韓国経済の原動力となったのである。

財閥に対して集中的な援助を行うというのは、勇気のいることである。たとえ何事もなくとも、そこでは汚職が行われていると国民は考える。実際、いまでも朴元大統領に対してダーティーなイメージがあるのは、この政策が災いしているのは間違いない（現実には、朴元大統領には大きな財産はなかったと聞いている）。

だが、それでも朴元大統領が財閥保護を断行したのは、維新の成功が頭にあったからであろう。

朴元大統領は、もともと日本と大変縁の深い人であった。貧しい農家の五男として生まれた朴元大統領は、子供の頃にその才能を日本人教師に認められ、師範学校に進む道を開いてもらい、さらにそこでも彼の才能を惜しんだ日本人の恩師から、「今度、満洲に軍官学校《ぐんかんがっこう》ができるから、そこに入学してみてはどうか」と勧められる。

そして、この満洲の軍官学校でも抜群の成績を収めたので日本人教官に推薦されて、今度は日本の陸軍士官学校に特典入学する。ついでながら言っておけば、戦前においては朝鮮は日本の一部であったから、朝鮮の人も日本国民としてまったく同等の待遇を受けたのだ。

これは推測にすぎないけれども、日本で学んでいる間、彼は「なぜ日本は近代化に成功し、わが朝鮮は失敗したのか」ということを一所懸命考え続けたのではないか。そして、あれだけ頭脳明晰《ずのうめいせき》な人であるから、当然、その原因の一つが明治の財閥育成策にあったことに気が付いたはずである。

こうした体験を持った人が自国の経済危機を前にしたとき、「これは日本の明治維新を手本とする以外に方法はない」と思ったのはきわめて自然な話だろう。実際、朴大統領が在任中に唱えた政治スローガンは「維新体制」という言葉であった。

（注1）**三井**　三菱、住友と並ぶ日本三大財閥の一。江戸時代有数の両替・呉服商だった三井家が、明治維新以降、主として政府の長州閥と結び、政商として発展。持株会社三井合名

会社を中心に銀行、貿易、海運、鉱山、繊維など、主要産業にわたるコンツェルンを築く。第二次世界大戦後、GHQの財閥解体の対象となった。

（注2）**渋沢栄一**（一八四〇～一九三一）実業家。埼玉県出身。日本の近代資本主義の指導者と言われる。一橋《ひとつばし》家に仕えたあと幕臣となり、維新後は大蔵省官吏を経て第一国立銀行、王子製紙、大阪紡績など数々の会社を創立。財界のリーダーとして活躍した。明治十五年（一八八二）、井上馨とともに海運会社「共同運輸会社」を設立し、岩崎弥太郎《いわさきやたろう》が興《おこ》した「郵便汽船三菱会社」と競い合ったが、両社は明治十八年に合併、「日本郵船」（一一五ページ参照）が発足した。実業家は国家目的に寄与しなければならない、と「道徳経済合一主義」を唱えた。

（注3）**朴正煕**（一九一七～一九七九）韓国の軍人・政治家。日本統治下の韓国に生まれ、日本の陸軍士官学校を卒業。終戦時は満洲国軍中尉。六一年、クーデターにより軍事政権を樹立、六三年に韓国大統領に就任。日韓基本条約を締結し、高度経済成長政策を推進したが、七九年、側近のKCIA部長・金載圭《きんさいけい》によって暗殺された。

世襲を拒否した明治の政治家

明治の指導者たちが世評を気にせず、財閥育成策を推進したというのは、彼らのなかに明確な優先順位があったからだ。それは、日本を欧米の植民地にさせないという大目標であり、そのためには何と酷評されようと構わないという覚悟があった。

さきほどの井上馨にしても、それは同じであった。

そもそも弱小な個人商店が、欧米の世界的企業と競争して勝てるわけがない。井上は青年時代に密航してロンドンに上陸し、西洋の港や市街を見た時の感銘を終生忘れることがなかった。三井財閥の強化も、日本郵船（注１）の発展に尽力したのも、欧米との競争を考えれば日本のために必要と見たからだ。

新聞は毎日のように「井上は財閥からカネをもらっている」と書き立てていたが、当人はそんなことを少しも気にかけなかった。その代わりに彼は毎日、イギリスの新聞だけは人に翻訳させて読んでいた。イギリス人たちが日本のことをどのように報じているかを知るためであったという。つまり、井上にとって自分に対する世間の評判など、どうでもいいのである。それよりも、日本に対する世界の評判のほうがずっと大事だという感覚が彼にはあった。

然るに、昭和から現代に至るまでの指導者で、井上のような感覚を持った人は、はたしてどれだけいたであろう。

昭和の軍人たちにとって重要だったのは、何よりも軍隊組織内における自分の評価であって、世界がどう思おうが関係ない。満洲事変などを見て世界中が眉を顰《ひそ》めたことなど、お構いなしである。また、戦後の政治家で、国内における自らの評価より、世界における日本の評判ということを大事にしたのは、吉田茂首相や岸信介《きしのぶすけ》首相のほか何人いるだろう。

こうした井上のような精神を、〝気概《きがい》〟という言葉で表現してもいいであろう。大目標のためには潔《いさぎよ》く自分個人のことを捨てる――それが〝気概〟である。

井上に限らず、維新の元勲たちがみな〝気概〟の持ち主であった証拠として、私は彼らが誰一人として自分の実子を政治家にしなかったということを、ぜひ記しておきたいと思う。

明治維新以前の日本は言うまでもなく、世襲《せしゅう》が当たり前の世界であった。殿様だろうが百姓だろうが、みな自分の子を跡継ぎにしていたのである。

そのような時代から、まだ何十年も経っていない。もしも彼らが元老の地位を子供に譲りたいと思えば、おそらくそれは許されただろう。〝常識〟というのは、そうそう変わるものではないからだ。だが、彼らはあえてそれをやらなかった。というのは、やはり「世襲をやっては、旧幕時代と変わらないじゃないか」という思いがあったからである。

こうした彼らの姿勢を見て、「そんなことは当然じゃないか」と思うのは勝手である。だが、革命を起こした人たちが権力を握ると、途端に〝先祖返り〟をしてしまうというのは枚挙《まいきょ》に遑《いとま》がない。北朝鮮の世襲体制はその最たるものだ。

そのような誘惑を拒否して、自分の子供に権力を譲渡しなかったということだけを見ても、やはり明治維新の指導者たちが〝気概の人〟たちであったということは理解してもらえるのではないだろうか。

そして、国家存亡の秋《とき》に、こうした気概に溢れた指導者に恵まれた日本はまことに幸福な国であったということも、ぜひ認識してほしいと思うのである。

（注１）**日本郵船**　日本の海運トップ企業。明治十八年（一八八五）、土佐藩出身の岩崎弥太郎が興した郵便汽船三菱会社と共同運輸会社とが合併して設立された。政府の援助を受けて世界有数の海運会社となったが、第二次世界大戦によりほとんどの船舶を失った。昭和二十五年（一九五〇）に民営還元された。

第5章

日清戦争の「義」

「憂国の士」福沢諭吉

明治の指導者たちが、いかに日本の独立を真剣に希求《ききゅう》し、そのために血の滲《にじ》むような努力を払ってきたかということを、これまで書いてきた。

彼らは、世間が自分のことをどう言おうと、また苦楽をともにしてきた西郷のような人物と袂《たもと》を分かつことになろうとも、白人近代国家に伍《ご》して日本が生き残っていくために、その心血を注いできた。その気持ちの底辺には、「このままでは日本の独立が危うい」という危機感が常にあった。

それでは、新政府の首脳以外の日本人は、当時の状況をどのように見ていたのであろうか。はたして、彼らと同じ危機感をもっていたのであろうか。そのことを知るために、ここでは福沢諭吉《ふくざわゆきち》のことを取り上げてみたいと思うのである。

日本人で福沢諭吉の名前を知らぬ人は、まずいないであろう。何しろ、いまでは一万円札に彼の肖像が刷られているほどであるし、また彼の著書『学問のすゝめ』の冒頭に書かれた「天は人の上に人を造らず、人の下に人を造らずと云へり」という言葉は、あまりにも有名である。さらに彼は幾多のベストセラーを書いた。前述の『学問のすゝめ』

をはじめ、『西洋事情』や『文明論之概略《ぶんめいろんのがいりやく》』は幕末から明治にかけて多くの日本人に読まれ、「西洋文明とは何か」を伝えた。

まさに福沢諭吉は「西洋文明の伝道師」と言っていいであろう。彼は生涯、官に仕えず、政治にかかわらず、西洋の文明を紹介し続けたのである。

ところが、このような福沢諭吉は、同時に熱烈な「憂国の士」でもあった。

私がそのことを知ったのは、戦後間もない学生の頃、小泉信三《こいずみしんぞう》（注１）の『支那事変と日清戦争』（慶應出版社。昭和十二年＝一九三七年）という小冊子によってであった。「福沢諭吉が日本の独立を憂《うれ》えていた」という話を読んで、ちょっと虚《きょ》を衝《つ》かれたような思いがしたのは、いまでも鮮明に覚えている。

福沢諭吉は一生、政治の世界とは無縁の人であった。一時期、幕府に通訳として雇われたことがあったぐらいで、新政府から何度も誘いを受けたのだが、一度として応じなかった。それには理由があって、福沢にとって新政府は「攘夷《じょうい》の集団」という印象が強かったからである。

幕末のとき、薩長などの討幕派《とうばくは》の旗印は、言うまでもなく尊皇《そんのう》攘夷である。洋学者・福沢にとっては仇《かたき》のような存在である。福沢は攘夷派の暗殺を恐れて、夜は外出できないという年月を体験しているのである。もちろん、明治維新が成立してからは、新政府は方針を一八〇度変えるわけだが、彼はとうとう新政府には出仕《しゅつし》しなかった。

それでは彼が幕府のほうを支持していたかといえば、これも違う。

福沢は「門閥《もんばつ》圧政は親の仇」と言い続けた人で、封建《ほうけん》制度を甚《はなは》だしく憎んでいた。また、「幕府はたしかに開国したけれども、本心では鎖国主義だ」ということもあって、彼は幕府にも好感を持っていなかった。それで彼は幕末の動乱期においても一切、政治運動にはかかわらず、慶應義塾《けいおうぎじゅく》で学生に洋学を教えていたのである。明治元年、官軍が江戸に進軍し、上野の山に彰義隊《しょうぎたい》（注2）が籠《こも》って戦争になったときでも講義を続けたという話は、あまりにも有名である。

福沢はこのような人であったから、「日本の独立」を憂慮したというのは想像しにくいところがある。ところが、実は彼ほどそのことを真剣に憂えた人も少なかったのだ。

小泉信三の本によれば、明治の初期、福沢諭吉は塾生に向かって次のように話したという。

「今日、イギリスのロンドンに行って、『このイギリスという国の独立は果たして完全であるか否か』を問うたならば、何人《なんぴと》も『何を馬鹿なことを問うか』といって相手にしないであろう。ところが、この日本では果たしてこの国の独立が完全であるや如何《いかん》ということが一の問題になるのは情けないではないか」

また福沢は維新前後、このままでは日本国は外国に滅ぼされると思い、

「いよいよ外人が手を出して跋扈《ばっこ》乱暴というときには、自分は何とかしてその禍《わざわ》いを避けるとするも、行く先の永い子供は可愛そうだ、一命に掛けても外国人の奴隷にはしたくない」（『福翁自伝《ふくおうじでん》』）

とまで悩んで、子供たちを「耶蘇《ヤソ》宗の坊主」にしてしまおうとも考えたという。いかに白人であっても坊主、つまり神父や牧師にまでは乱暴すまいと思ったのである。

小泉信三は先ほどの本のなかで、

「今日の多数の読者には、日本の識者がこの国の独立の安否を憂えたというが如きは、殆《ほと》ど想像もし難《がた》いことであろう。しかし、当年の識者の憂いは皆なここにあった」

と書いている。

まさに現代の我々は、日本が独立国であることに何の疑いも持たない。しかし幕末から明治にかけての日本人は、「このままでは日本は西洋人の植民地になるかもしれない」という深刻な不安を持ったのだ。

ことに福沢諭吉は何度も欧米に旅行しているから、インドやシナで白人が横暴を極めている様《さま》を実際に目撃している。アメリカでの人種差別も知っていた。そのショックは強烈であっただろう。

前章では、明治の指導者たちが日本を一刻も早く近代化せねばならないという危機感を持っていたことを書いたが、それはそのまま福沢の危機感でもあった。

彼は生涯にたくさんの本を書き、「脱亜入欧《だつあにゅうおう》」ということを説いたが、それは単純な欧米崇拝ではない。「何としてでも近代化せねば、我々は白人の奴隷になってしまう」という焦燥感《しょうそうかん》から書かれたものなのである。ただ明治政府と福沢との違いは、それを「上からの近代化」で行うか、「下からの近代化」で行うかの方法論の違いなのである。

むろん、福沢は「下からの近代化」を目指した。だからこそ、彼は自前で慶應義塾を作り、塾生たちに「官僚にならず、民間人として新知識を活用せよ」と説いたのである。

（注1）**小泉信三**（一八八八～一九六六）　経済学者。東京生まれ。母校・慶應義塾の教授、塾長を務めた。マルクス主義批判の理論家として活躍し、大東亜戦争後、皇太子（今上《きんじょう》天皇）の教育参与。著書に『社会思想史研究』『マルクス死後五十年』『海軍主計大尉小泉信吉』など

がある。

（注２）**彰義隊**　慶応四年（一八六八）、第十五代将軍・徳川慶喜《とくがわよしのぶ》側近の旧幕臣を中心として結成された有志隊。江戸開城後、上野寛永寺《かんえいじ》に立て籠もって大村益次郎《おおむらますじろう》の指揮する官軍と戦って敗れたが、一部は旧幕府の軍艦で逃れ、箱館《はこだて》戦争に参加した。

朝鮮の近代化は日本の悲願

日本が開国し、明治維新を行ったとき、福沢が憂慮したように、アジアの有色人種の国はみな白色人種に制覇《せいは》されようとしていた。そこで、日本は白人国家から身を守るための仲間として有色人種の独立国が欲しいということで、まず隣りの朝鮮を誘った（明治元年、二年、三年の合計三回）。ところが、話はこじれてしまう。

原因は実に些細《ささい》な問題で、第３章に述べたとおり、日本から出した外交文書の形式が気に入らなかったというだけのことである。要するに、日本の天皇がシナの皇帝と同じ言葉遣いをしている、すなわち日本の天皇が「皇」や「勅」といった文字を使っているのは朝鮮を属国視《ぞっこくし》するものだというのである。

文字どおり、言葉の行き違いであったが、日本が訂正したあとも朝鮮の態度は変わらなかった。事実、明治三年（一八七〇）の日本側の国書には、朝鮮の嫌う「皇」「勅」「朝廷」などの字はすべて避けてあったが、それでも朝鮮は明治政府との直接交渉を拒絶し、かえって排日《はいにち》・侮日《ぶにち》の気勢を上げたのである。

しかしこののちも、日本は朝鮮の独立をしきりに求めた。日本にとって朝鮮が近代化し、日本の同盟国になるかどうかは、それこそ死活問題であったからである。朝鮮半島が欧米、ことにロシアの手に落ちて植民地化すれば、日本の将来はない。

ところが、今度は朝鮮の宗主国《そうしゅこく》・清《しん》国が、「余計なことを言うな」と日本に圧力をかけ始めた。清国の言い分は、「朝鮮は二百年来、清国の属国であり、日本ごときがいまさら口を出す筋合いのものではない」という主旨であった。

これがやがて日清戦争（一八九四～九五）となり、結果として日本が勝利を収めることになったのは歴史の示すとおりである。

日清戦争は「余計な戦争」だったか

〝日本の独立〟ということを憂えていた福沢諭吉が「ついに日本もここまで来たか」と思った事件が、その日清戦争であった。

日清戦争については、今日では「余計な戦争」というような言われ方をすることが多い。たしかに結果だけを見れば、ロシア、ドイツ、フランス三国の武力干渉によって、せっかく得た遼東《りょうとう》半島を失うことになったわけだから、そういう言い方もできるであろう。

また、日露戦争については多くの本が書かれているが、日清戦争を扱った本は、それに比べるといかにも少ない。これも現代の日本人にとって、日清戦争がいかに印象の薄い出来事であるかを示す一例だろう。

しかし、当時の日本に暮らしていた人にとって、日清戦争というのは大事件であったし、非常な意義のある戦争であったのだ。それは〝余計な戦争〟どころではない。そのことは日清戦争の最中、福沢諭吉が木村浩吉《きむらこうきち》海軍大尉に書いた手紙を読めばよく理解できるのではないか。

福沢が手紙を書いた木村海軍大尉は彼の大恩人、木村芥舟《かいしゅう》の長男である。幕末の万延《まんえん》元年（一八六〇）、福沢が咸臨丸《かんりんまる》に乗ってアメリカに渡ったのは有名な話だが、彼のアメリカ行きの夢を叶えてくれたのが、他ならぬ木村芥舟（当時は木村摂津守《せっつのかみ》）であった。

木村芥舟は咸臨丸の司令官だった。咸臨丸というと艦長は勝海舟《かつかいしゅう》であったが、勝は言うなれば現場監督であって、咸臨丸一行の最高責任者は幕府の軍艦奉行だった木村である。

　この咸臨丸出航の話を聞いた福沢諭吉は「何とか一緒にアメリカに行きたい」と考えるのだが、いかんせん彼は大分・中津《なかつ》藩の一藩士であって、幕府の使節団に加わる資格などない。そこで一計を案じて、福沢は木村に「あなたの従者ということで咸臨丸に乗せてもらえないか」と頼み込むのである。すると木村は初対面の福沢に、その場で「よろしい、連れていってやろう」と快諾《かいだく》したという。このとき、福沢は二十五歳、木村は三十歳であった。

　それ以来、福沢にとって木村芥舟は大恩人になった。咸臨丸に乗るため、一時的に主従関係を結んだだけであったにもかかわらず、終生、木村に対するときの福沢は、従者が主人に対するが如き態度であったと伝えられている。

　この木村の長男・浩吉が日清戦争のとき、軍艦松島に乗りこんで清国海軍と戦うことになったわけだが、福沢は彼に次のような手紙を書いたのである。

「御軍役《ごぐんえき》、御苦労千万と存じ候。（中略）我が邦栄辱《くにえいじょく》の分るる所、抜群の御働《おはたらき》、くれぐれも待ち奉《たてまつ》り候。はたまた御留守宅の義は及ばずながら御心添《おこころぞ》え仕《つかまつ》るつもり、万々一、御《おん》討死《うちじ》にも相成り候わば、御両親様の処《ところ》は老生（福沢）の生涯中、きっと御引受け申上げ、ご不自由なきやう致すべく、兼ねて覚悟に付き、其の辺、御心安く思《おぼ》し召されたく候。（中略）余は凱旋《がいせん》万歳の時を期し候」（小泉信三『支那事変と日清戦争』から引用。読者の便宜《べんぎ》を考え、表記を一部改めた）

恩人の息子に向かって福沢が言っているのは、「頑張って日本の栄光を示してほしい。もし戦死なされても、御両親のことはちゃんと面倒を見てさしあげるから安心してくれ」ということである。

また、その四年後に書いた『福翁自伝』のなかで、彼は日清戦争を振り返って次のようにも書いている。

「日清戦争など官民一致の勝利、愉快とも難有《ありがた》いとも言いようがない。命あればこそコンなことを見聞するのだ、前《さき》に死んだ同志の朋友《ほうゆう》が不幸だ、アア見せてやりたいと、毎度私は泣きました」

福沢のような人から見ても、日清戦争は大義ある戦争だった。

大恩人の息子に向かって「まさかの時には立派に討死してくれ」と言うことができた戦いであり、「日清戦争の勝利を見ずに死んだ仲間たちがかわいそうだ」というほどの快事だった。彼にとっては、決して「余計な戦争」などではなかったのだ。

日朝外交と清国政府

前に述べたとおり、欧米列強からの独立を得るため、明治政府は外交問題を二の次にして国内の近代化に力を注いだわけだが、朝鮮問題だけは別であった。

朝鮮が近代国家になってくれることは、日本の念願とも言っていい。白人諸国、ことにロシアの進出に対して、ひとり日本だけが頑張っていてもそれには限界がある。やはり、近くに独立国家があるほうがずっと安心だ。

そこで、明治政府は朝鮮に近代化を促《うなが》すための働きかけを熱心に行い続けた。それが初めて実を結んだのは、征韓論論争に敗れた西郷が下野《げや》してから三年後の明治九年（一八七六）に締結された日朝修好条規であった。

この条約は、第一条で「朝鮮は自主独立の国であり、日本と平等な権利を有する」ということを謳《うた》った点で、まさに画期的なものであった。

というのも、この条約が結ばれた当時の国際社会では、朝鮮は「清国の属国」と捉《とら》えられており、西洋諸国は朝鮮を独立した交渉相手として見ていなかったからである。ちなみに、ウィーンの国立図書館で昔の大地球儀を見る機会を得たことがあるが、いずれも朝鮮半島をシナとして記していた。事実、朝鮮が結んだ国際条約はこれが最初であり、この条約を見て、イギリスやドイツも朝鮮と条約を結ぶことにしたのである。

このあと、日本と朝鮮の関係は比較的円満に進む。朝鮮政府内部でも開国派が影響力を強めるようになり、日本にとっても喜ぶべき状況が生まれたのである。

ところが、明治十五年（一八八二）に入って状況が一転する。朝鮮軍の兵士が暴動を起こして混乱が起きたのに乗じて、李朝《りちょう》内における攘夷派の大院君《だいいんくん》（国王の実父）がクーデター（壬午《じんご》政変）を起こしたのである。

しかもこのとき、大院君に唆《そその》かされた兵士が日本公使館を襲い、館員七人が殺害されるという事件が起きた。また、花房義質《はなぶさよしもと》公使も、命からがら朝鮮を脱出するということになった。

これが日朝外交上の問題になったのは言うまでもない。一国の外交官を殺害し、公使が命懸けで脱出せねばならないということになれば、これは今も昔も戦争に発展しかねない大問題である。

だが、この当時の日本は、あくまでも話し合いでの解決を目指した。結局、日本と朝鮮との間で賠償条約（済物浦《さいもっぽ》条約）が結ばれたため、いちおう一件落着したのである。

ところが、これをきっかけに朝鮮は清国の影響をさらに受けることになった。というのも、暴動を口実に、清国が袁世凱《えんせいがい》（注1）軍を派遣したからである。清国軍によって反乱は鎮圧され、また、その首謀者である大院君も逮捕され、事実上、朝鮮政府は清の支配下に置かれたのだ。

そもそも大院君は開国派を打倒し、朝鮮の政策を清国寄りに戻そうとクーデターを起こしたのにそれを逮捕するというのだから、清国が朝鮮のことをどのように思っていたかが分かるであろう。朝鮮など、清国にとってはチェスの駒のようなものであったのだ。

（注1）**袁世凱**（一八五九〜一九一六）清朝末期の軍人として陸軍の近代化を進め、政治的にも大きな権力を握り、大清帝国第二代総理大臣となる。辛亥《しんがい》革命では革命派と結び、清朝の宣統帝《せんとうてい》を廃位して中華民国初代大総統に就任。帝政実現を図ったが失脚。

朝鮮の開国派に共鳴した福沢

さて、それから二年後の明治十七年（一八八四）、今度は開国派の金玉均《きんぎょくきん》や朴泳孝《ぼくえいこう》らがクーデターを起こす。いわゆる甲申《こうしん》政変である。

余談になるが、この金玉均たちが開明派に転じたのは、前項で述べた壬午政変がきっかけであった。壬午政変で日本公使館に危害が及んだのを謝罪するため日本に派遣された金たちは、日本のめざましい発展ぶりを見て「朝鮮もはやく開化せねば危うい」という問題意識を持つようになったのである。かつて岩倉使節団が感じたと同じことを、この朝鮮の政治家たちも日本を「見て」感じたのである。

このとき、私財を投じて金玉均らを援助したのが、実は福沢諭吉であった。彼は朝鮮からの留学生を慶應義塾に受け入れたばかりか、金玉均らの求めに応じて、一万五千円近くのカネを借用書なしで貸している。

言うまでもないが、福沢が金玉均たちを援助したのは、決して打算や計略のためではなかった。この壬午政変に先立つ明治十四年（一八八一）、開明派の朝鮮人に会った福沢諭吉は門下生、小泉信吉《こいずみのぶきち》（小泉信三《しんぞう》の実父）に宛てて次のような手紙を書いている。

「誠に二十余年前、自分の事を思えば、同情相憐《あいあわ》れむの念なきを得ず……其咄《そのはなし》を聞けば、他なし、三十年前の日本なり」

改革派の朝鮮人たちに出会ったとき、福沢が感じたのは「これは二十数年前の自分の姿だ」ということであった。幕末の福沢は前にも述べたとおり、日本が独立を保てるかどうかを心から憂えていた。それと同じ気持ちを目の前にいる朝鮮の〝志士〟たちも抱いているのを知り、感動を覚えたのであろう。だから、金玉均たちが福沢に資金援助を頼んだときにも、彼は快くそれに応じたと思われる。

だが、金玉均たちのクーデターも、袁世凱が一千五百名の清軍を率いて武力介入したため結局、失敗に終わり、金玉均らは日本に亡命することになった。金玉均はのちに李朝に欺《あざむ》かれ、福沢の心配を軽く見て上海に出かけ、そこで朝鮮人の刺客《しかく》によって暗殺された。

しかも、このとき清国の軍隊は宮廷内にいた日本人を殺害したばかりか、金玉均たちが日本公使館に逃げ込んだのを見て、それを攻撃までしている。これに対して、公使館のほうも必死に防戦したけれども、結局、それも続かず、外交官たちは公使館を脱出するということになった。この際、日本公使館は焼かれ、多数の日本人が惨殺《ざんさつ》された。このなかには日本婦人も含まれている。

こうしたことを見て日本人がつくづく分かったのは、「朝鮮を独立させようと思えば、結局、シナ（清）との対決は避けられない」という事実であった。

いくら朝鮮内部の開国派を支援しても、いつでも最後は清国が現れてそうした動きを封じてしまうのでは埒《らち》が明かない。このまま攘夷派が政権中央に坐り続けて白人列強を侮《あなど》っていれば、やがては白人の植民地になってしまう。

しかしだからといって、直《ただ》ちに明治政府は清国との対決姿勢を強めたわけではない。むしろ事実は反対で、国力充実を優先させるために、日本はひたすら穏健《おんけん》な態度を採り続けたのである。明治十九年（一八八六）八月に起きた清国水兵暴行事件は、そうした日本政府の態度を象徴的に示した事件であった。

この事件は、清国の北洋《ほくよう》艦隊の主力艦である定遠《ていえん》、鎮遠《ちんえん》、威遠《いえん》、済遠《さいえん》が、丁汝昌《ていじょしょう》提督に率いられて長崎港に入港したことから始まる。

この四隻の入港が、日本に対する威圧を狙ったものであるのは言うまでもない。「これ以上、朝鮮に対して日本が干渉するならば一戦も辞さない」というわけである。

他国の港で示威《じい》活動をすること自体、これだけでも重大な外交問題であったのに、さらに大変な問題が起こった。長崎に上陸した清国水兵の一部が飲酒して、日本人に対し暴行を働いたことをきっかけに、清国水兵と日本の警察が衝突して市街戦となり、双方に死傷者が出たのである。死者は日本の巡査二人、清国の水兵五人、負傷者は日清合わせて七十五人であった。

ところが、この事件に対して日本政府は話し合いによる解決を目指した。このため、国内でも「弱腰外交」という非難の声が上がったほどであったが、当時の政府はこれ以上、問題が拡大することを徹底的に避けたのである。

「朝鮮はわが大清国の属国である」

このように、清国に対して「弱腰」だった日本政府をして日清戦争に突入せしめることになったきっかけは、明治二十七年（一八九四）に起きた東学党《とうがくとう》の乱であった。東学というのは、李朝打倒、外国排撃をスローガンにする新興宗教であるが、この東学の信者を中心にして、朝鮮各地で農民が反乱を起こしたのだ。

この東学党の乱を好機と見た清国が朝鮮に出兵したのが、日清戦争のそもそもの始まりであった。農民の反乱に対して、朝鮮政府は完全に当事者能力を失っていたので、清国が朝鮮を完全に保護国化しようとしているのは目に見えていた。実際、これまでも清国は、ことあるごとに朝鮮に兵を出し、わがもの顔に振る舞ってきたのである。

しかも、明治十七年の甲申政変後に結ばれた天津《テンシン》条約では、日本も清国も朝鮮に派兵する場合、事前に通告をするということになっていたが、その時、日本に出兵を通告した清国の文章のなかには「属邦保護」のためと記してあった。これは、日本の朝鮮に対する基本方針と真っ向から対立するものである。

外務大臣・陸奥宗光《むつむねみつ》は「朝鮮が清国の属邦であることを認めるわけにはいかぬ」として、日本政府は条約に従って出兵を決意したわけだが、それでもすぐに開戦になったわけではない。「日清両国が協力して朝鮮の内政改革に当たろうではないか」という提案を清国に出した。が、清国がこれを拒絶したので、やむなく開戦ということになったのである。

日清戦争における日本と清国の宣戦布告文書を比較してみれば、その戦争の意義は明々白々である。日本側の主張は、「朝鮮はわが国が誘って列国に加わらせた独立の一国であるのに、清国は常に朝鮮を自分の属国と言って内政に干渉し続けている」というものであった。これに対し、清国側の主張は「朝鮮はわが大清国の藩属《はんぞく》たること二百年、毎年朝貢《ちょうこう》している国である」というものであった。

日本の世論は挙げて、この開戦を「朝鮮の独立を助ける義戦」と歓迎した。福沢諭吉が恩人・木村芥舟《かいしゅう》の長男に、「たとえ討ち死にしようとも御両親のことは心配されるな」

と手紙を書いたのはすでに述べたとおりである。また、クリスチャンの内村鑑三《うちむらかんぞう》も「朝鮮を保護国化しようとするシナを挫《くじ》くために日本は戦うのだ」ということを世界に伝えようと、英文で「日清戦争の義」という文章を発表している。

日本にしてみれば、ずいぶん長い間、我慢した戦争であったが、いざ始まってみると、意外なほど簡単に決着がついた。世界最初の汽走艦隊《きそうかんたい》の海戦とされた黄海《こうかい》海戦などはまさに完全勝利で、清が世界に誇っていた北洋艦隊が五隻を失ったほか、八隻の軍艦が破損されたのに対して、伊東祐亨《いとうすけゆき》の率いる連合艦隊の損害は沈没もなく軽微であった。さらに、日本の艦隊は威海衛《いかいえい》に逃げ込んだ残存艦隊を攻撃し、北洋艦隊を壊滅させた。

陸軍も、野津道貫《のづみちつら》の第一軍は平壌《へいじょう》と南満洲の要地を占領し、大山巌《おおやまいわお》の第二軍は遼東半島に上陸して金州《きんしゅう》、旅順《りょじゅん》を占領した。さらに日本軍が直隷《ちょくれい》平野に進めば、北京《ペキン》も危ない形勢になった。

かくして「眠れる獅子《しし》」と恐れられた清国も、日本と講和せざるをえなくなったのである。

大韓帝国誕生の歴史的意義

明治二十八年（一八九五）、下関《しものせき》で開かれた講和会議では、大きく分けて①朝鮮の独立承認②遼東半島・台湾島の割譲《かつじょう》③軍費賠償金二億両《テール》の支払い、の三点が決まった。

この下関条約によって、大韓帝国が成立する。朝鮮半島において「帝国」という名がついた独立国家が生まれ、朝鮮に皇帝が誕生するのは、史上初めてのことであった。

ここで一言断っておきたいが、東アジアの漢字文化圏において、「王」と「帝」とではまったくその意味が違うのである。

秦《しん》の始皇帝《しこうてい》以来、シナの中華思想では、天下に「皇帝」はシナの皇帝ただ一人であり、この皇帝が全世界を統治するとされてきた。これに対して、「王」というのは何人いてもいい。皇帝の子供は王であり、大功を立てた家臣も王になることがある。たとえば、漢《かん》の高祖《こうそ》（前二四七～一九五。前漢の始祖）の家来で、股くぐりの故事で有名な韓信《かんしん》（？～前一九六）は斉《せい》王になっている。また、シナ周辺のいわゆる「蛮族《ばんぞく》」の酋長《しゅうちょう》も、すべて王と呼ばれている。百済《くだら》王、新羅《しらぎ》王、あるいは朝鮮王や琉球《りゅうきゅう》王などがそれに当たる。

日本でも足利義満《あしかがよしみつ》は貿易の利益のために日本の国王にもなっているし、豊臣秀吉《とよとみひでよし》は逆に、日本国王にすると明《みん》に言われて怒り、戦争を再開している（第二次朝鮮出兵・慶長《けいちょう》の役）。

もちろん、実際にはシナの帝国の領土は限られたものだが、それ以外の土地を治めている国王は、みな皇帝の臣下であるという建前である。こうした中華思想には、当然ながら「外国との貿易」という発想もない。そもそも「わが帝国には何一つ欠けているものはない」というわけで、他国から物品を輸入する必要もないというわけである。だから、清朝の頃にイギリスなどの西洋諸国から外交使節が訪れたときも、臣下の礼を取らねば皇帝に会うことができず、重大な外交問題になった。

そのため、アヘン戦争で清朝が負けるまでは、シナとの貿易はすべて朝貢貿易の形を採った。つまり、シナ文明に憧れて貢《みつ》ぎ物を持ってきた蛮族に対して皇帝が恩恵を施《ほどこ》すという形で、シナの物品が海外に輸出されるというわけである。

このような中華思想は、今日から見れば奇妙な思想と言う以外にないが、シナと国境を接する朝鮮にとっては、彼らの望むとおりにシナの属国となるしか生き残る道はなかった。それで古来、朝鮮の君主はみな、シナ皇帝の臣下という地位に甘んじていたのである。李氏朝鮮の太祖、李成桂《りせいけい》は元来、高麗《こうらい》の将軍であったが、一三九二年（日本では南朝と北朝が第百代後小松《ごこまつ》天皇で合一した年）、自ら高麗王の位を奪い、明の太祖《たいそ》（洪武帝《こうぶてい》）より朝鮮王と名乗ることを許されたのである。

そのなかで例外は日本であって、その首長は天皇、あるいは日本皇帝と名乗った。聖徳太子《しょうとくたいし》が隋《ずい》の国に最初の使者（小野妹子《おののいもこ》）を送ったとき、その国書に「天子」「東天皇」という言葉を使ったという話はあまりにも有名である。

もちろん、聖徳太子の国書の文言を見て、隋の煬帝《ようだい》が「悦《よろこ》ばず」、すなわち腹を立てたという記録も残っている。しかし、いかにシナの皇帝が腹を立てても、相手は海の向こうであるから征伐《せいばつ》するわけにもいかない。だから日本ではそのまま皇帝、天皇で通せたという幸福な事情があった。

しかし、朝鮮は地続きであるから同じ真似をするわけにはいかなかった。彼《か》の地はずっとシナの属国、つまり彼らの首長は王のままであった。

ところが日清戦争で日本が勝ち、朝鮮が独立したため、朝鮮民族の歴史上初めて「大韓帝国」と称し、国王も皇帝と称することができた。

国王と皇帝という呼び方は、一見似ているように思われるかもしれない。だが、国王が皇帝と呼ばれるようになったという事実は、韓国の独立を実に象徴的に表現しているのである。と言っても、それは日清戦争が終わってから日韓併合までの十数年間でしかなかったが――。

三国干渉でシナの〝生体解剖〟が始まった

朝鮮半島に「大韓帝国」が生まれたことは、朝鮮にとっても日本にとっても慶賀すべきことではあったが、事はそう簡単に終わらなかった。

言ってみれば朝鮮は日本のおかげで清国から独立したのであり、当然のことながら国内では親日派、すなわち韓国近代化推進派が力を得て、日韓関係はうまくいく態勢ができることになった。そのまま進んでいれば日韓関係は別の、両国にとって幸せなコースを歩んでいた可能性がきわめて大きい。ところが、清国が退《しりぞ》いた代わりにロシアが現れたのである。

先に述べたとおり、日清戦争の講和条件として、日本は朝鮮を完全な独立国として認めてもらい、遼東半島と台湾を清国から割譲されることになった。

そもそも台湾は清国にとって「化外《けがい》の土地」、すなわち実効的な支配の及ばない土地であったし、遼東半島も〝万里の長城〟の外にあり、シナ固有の領土というわけでもない。そういう意味で、清国にとっては比較的重要度の低い領土であった。また、戦争で負けた側が戦勝国に領土を割譲するというのは、この当時においては一種の〝常識〟のようなものであり、日本だけが強欲だったということではない。

ところが、この遼東半島の割譲を絶対に許さないと決意したのがロシアであった。すでに述べたように、ロシアの野心はアジア大陸の南下にあり、その目標を満洲や朝鮮に定めている。日本が遼東半島を領有するというのは、ロシアにとっては認め難いことであった。

簡単に言えば、「そこはロシアがいただくつもりなのだ」というわけである。そこでロシアはフランス、ドイツを誘って、遼東半島の割譲を妨害することにした。つまり、ロシア、ドイツ、フランス三国が日本に干渉し、日本が清から得た領土を返せと言い出したわけである。

さらにこうした動きの背後には、シナの〝以夷制夷《いいせいい》〟（外国を使って外国を制す）という伝統的発想がある。日本を抑えてもらい、条約を無効にするためならヨーロッパの国にはいかなる報酬を与えてもよいという意見が清朝に起こったのである。帝国主義に固まっていたロシアやドイツ、フランスがそれに応じないわけはない。

これがいわゆる三国干渉である。

明治二十八年（一八九五）四月二十三日、露・仏・独の三国は日本に対して、「遼東半島を清に返還せよ」と要求した。日清講和条約が正式に調印されたのは四月十七日であるから、それから一週間も経っていない。

ちなみにドイツは元来、日清戦争では日本に好意的であった。黄海の海戦に日本海軍が勝ち、平壌を日本陸軍が占領すると、ドイツ皇帝ヴィルヘルム二世は、史上稀《まれ》なる海陸連繋《れんけい》作戦の成功として現地に資料の蒐集《しゅうしゅう》を命じ、自分がドイツ軍の首脳を集めてこの戦いの意義を講義し、その筆記のコピーを明治天皇に送ってくるほどの親近ぶりを示していたのである。しかし利を以て誘われると、旧敵フランスとともにシナ分割の利益に与《あずか》ろうと三国干渉に加わってきて、日本を驚かせた。

「遼東半島の割譲は東洋平和を脅《おびや》かすものである」というのが彼らの言い分であったが、これが口実にすぎないことは誰の目にも明らかである。平和と言うのであれば、ロシアこそ南下政策を止めるべきなのだ。

しかし、三国干渉を受け容れる以外に、日本に選択肢はなかった。要求を拒否すれば、この三カ国と一戦を交えることになる。すでにロシアは東洋艦隊を南下させ、日本に圧力をかけていた。むろん、日本には勝ち目がない。

結局、日本は遼東半島を清に返還したが、それも束の間、明治三十年（一八九七）にドイツは膠州湾《こうしゅうわん》を占領、また翌年、ドイツは占領した膠州湾、青島《チンタオ》を租借《そしゃく》した。三国干渉には参加していなかったが、イギリスも威海衛と九龍《クーロン》を租借、そしてロシアは何と日本から返還させた遼東半島の旅順、大連《だいれん》を租借した。さらにその翌年、フランスが広《こう》州湾《しゅうわん》を租借することになったのである。「東洋平和」と言ったその舌の根も乾かぬうちに、フランス、ドイツはシナから植民地を毟《むし》り取り、ロシアは日本が返した関東州を手に入れることとなり、この結果、実質上、満洲は全部ロシアの領土になってしまった。

「租借」とは英語でsettlement《セトルメント》と言うが、当時は実質上の半永久的な割譲を意味した。香港《ホンコン》だって、大東亜戦争を契機とした東南アジア全域の独立がなかったら、セトルメント契約の更新が続き、イギリス領のままだったろう。

かくして三国干渉を契機に、シナの〝生体解剖〟が始まった。悪質なやくざに物を頼んだのと同じく、シナは列強から「落とし前」をつけさせられたのだ。

この三国干渉が日本人を憤慨させたことは非常なものであり、政府の軟弱外交を批判する声が高く、日本中が騒然としてきた観があった。これをなだめるため、その翌月の明治二十八年（一八九五）五月十日に明治天皇は「遼東還附の勅語《ちょくご》」を下され、それによって日本国民は「ならぬ堪忍《かんにん》するが堪忍」と思い定めて静まったのであった。

その詔勅《しょうちょく》は、国民が政府を批判しないようにとの意を込めたものであり、そして、「百僚臣庶《ヒャクリョウシンショ》、其《ソ》レ能《ヨ》ク朕《チン》カ意《イ》ヲ体《タイ》シ、深《フカ》ク時勢《ジセイ》ノ大局《タイキョク》ニ視《ミ》、微《ビ》ヲ慎《ツツシ》ミ漸《ゼン》ヲ戒《イマシ》メ、邦家《ホウカ》ノ大計《タイケイ》ヲ誤《アヤマ》ルコト勿《ナ》キ《キ》ヲ期セヨ」

と結んである。昭和二十年八月十五日の昭和天皇の終戦の詔勅に、「堪《タ》ヘ難《ガタ》キヲ堪《タ》ヘ忍《シノ》ビ難《ガタ》キヲ忍《シノ》ビ」とあったのと通ずるものがある。

明治二十五年、十八歳の時にオーストリアの伯爵で外交官であったクーデンホーフ・カレルギーと結婚して渡欧、その後、日本に帰ることのなかったクーデンホーフ光子（注1）が、昭和十二年の日本軍の南京占領の時の手紙のなかで、この明治二十八年の三国干渉に言及していることからも、その反響の大きさがわかるのである。

（注1）**クーデンホーフ光子**（一八七四〜一九四一）　旧名、青山ミツ。東京の骨董品店に生まれ、オーストリア＝ハンガリー帝国の駐日代理大使ハインリヒ・クーデンホーフ・カレルギーと結婚、伯爵夫人となる。夫の死後はその遺産を相続し、第一次世界大戦でオーストリア＝ハンガリー帝国崩壊後も、生涯ヨーロッパで過ごした。

満洲はロシアの一部となった

当時、満洲でいかにロシア化が進んだかについては、『ラストエンペラー』（一九八七）という映画の原作になった名著『紫禁城《しきんじょう》の黄昏《たそがれ》』のなかで、著者レジナルド・フレミング・ジョンストンは、「もうそれは、（ロシアの領土であるトルキスタン、キルギスタンのように）満洲スタンと言ってもいい状況であった」という主旨のことを書いている。

事実、イギリスのキリスト教の布教団体では当時、満洲およびロシアを一括して一個の布教地域として指定している。このように第三者までが、満洲はロシアの一部になったと認めていたのである。

余談になるが、『紫禁城の黄昏』の著者ジョンストンは、〝ラストエンペラー〟宣統帝溥儀《せんとうていふぎ》の先生であり、皇帝が最後まで信頼した人物でもあったから、この本は同時代人の証言としては第一級のものだと言っても差し支えない。

映画『ラストエンペラー』によってこの本が脚光を浴びてくると、岩波文庫からも翻訳が出た。だが奇怪なことに、第一章から第十章まで、すなわち日露戦争以前の満洲の状況に関する章は〝著者（ジョンストン）の主観的色彩が強い〟として全部削られ、また満洲独立と関係のある第十六章もすべて削除され、序文の一部も恣意的《しいてき》に削除されている。

はたして、その部分が著者ジョンストンの主観かどうかはそれこそ主観の問題であり、それは読者が決めればいいことで、出版社や訳者が決める問題ではあるまい。おそらく削除の方針から見て、翻訳者や出版社にとって、日本の読者に読ませるのは不都合という判断があったからだと推測されるが、このため岩波文庫版は読むに値しないものになってしまっている。

ついでに言っておけば、ジョンストンは帰国後、ロンドン大学教授、東方研究所極東部長になり、その学識は政治的立場に関係なく尊敬されていた。数多い彼の著作は、当時の極東状況研究の第一級の書である。

第6章 ロシアの脅威と日英同盟

清からロシアに乗り換えたコリアの「事大主義」

三国干渉によって、ロシアの圧力に対して日本政府が譲歩したことは、思わぬところに影響を及ぼした。朝鮮政府内での親露派の台頭である。

そもそも朝鮮の伝統的外交政策は、事大主義《じだいしゅぎ》という言葉に要約できる。事大とは「大《おお》きに事《つか》える」、つまり近隣の大国、つまりシナの朝廷に従属することによって自国の存続を図ろうという発想である。

日清戦争における日本の勝利によって大韓帝国が成立し、清朝《しん》からの独立も果たされたのだからこの事大主義も終わるかに見えたのだが、そうはいかなかった。

たしかに日清戦争で日本が清を討ち負かしたことで、韓国政府内の親シナ派の勢いは失われ、日本との関係も好転するかと思われた。ところが、その直後に三国干渉で日本がたちまち遼東《りようとう》半島を返還したのを見て、彼らは「やはり白人のほうが強い」と考えたのである。

その結果、韓国政府内で急速に親ロシア派が力を持ち、独立を助けたはずの日本を侮《あなど》るという空気が生まれた。つまり、〝事大〟の〝大〟がシナからロシアに変わったというわけである。

これでは日本にしてみれば、何のために日清戦争をやったのか分からないような話である。朝鮮からようやく清国の影響を排除できたと思ったら、その空席にロシアがどっかり腰を据えてしまったのだ。

こうした状況を受けて起きたのが、明治二十八年（一八九五）の閔妃《ミンピ》殺害事件であった。朝鮮王妃、閔妃は、かねてから宮廷内で絶大な権力を誇っていたが、三国干渉以後、急速に親ロシアの傾向を強め、ことあるごとに日本の影響を排除しようとした。

日本は日清講和条約調印（明治二十八年＝一八九五年四月十七日）から二カ月も経たない六月四日の閣議において、将来の対朝鮮政策としては「なるべく干渉を止《や》めて自立させる」という決定をした。しかしこのような日本政府の態度は、「日本はロシアを怖れているからそうしているにすぎない」と閔妃らに受け止められた。親日派は不安を覚えて動揺し、またロシアは親日派を倒そうと閔妃に近づいた。こうした状況に焦《あせ》りを覚えた日本の三浦梧楼《みうらごろう》公使らが、韓国内の反閔妃派と組んで彼女を殺害したのである。

気に入らないから殺してしまうというのは言うまでもなく乱暴な話で、弁護の余地はない。それは当時も同じで、閔妃殺害のニュースを知って、日本政府は文字どおり驚愕《きょうがく》した。政府は殺害計画のことを何も知らなかったようである。

この事件は、一つ対応を間違えれば単に日韓関係を損なうだけでなく、国際社会での日本の信用を失うことになると見た政府は、直ちに関係者を召喚、逮捕した。また、善後処置を探るため、小村寿太郎《こむらじゅたろう》や井上馨《いのうえかおる》を韓国に派遣した。

こうした機敏な措置のおかげで、閔妃事件は重大な国際問題には発展せず、欧米列強も日本をあえて非難しなかった。

閔妃を殺したのはいかにも乱暴で、日本のためにもなすべきでなかった。しかし、閔妃殺害（乙未《いつび》の変）を今日の感覚だけで見るのも不公平というものである。それまでも日本の公使館が襲撃され、日本人が多数殺された「壬午《じんご》政変」（明治十五年＝一八八二年）や、日本の公使館が焼き払われ、女性を含む多くの日本人居留民が惨殺《ざんさつ》された「甲申《こうしん》政変」（明治十七年＝一八八四年）など、今日の眼から見ると目茶苦茶なことが朝鮮半島では行われていたのである。

閔妃事件が国際問題に発展しなかった大きな理由の一つは、日本に好意を持っていない国々ですら、当時の朝鮮の状況を「どっちもどっち」と見ていたからであろう。実際このあと、ロシア公使ウェーバーはロシア水兵を連れて皇帝を奪い、ロシア公使館に移した。さらに独立派・親日派の政治家は惨殺され、日本人も三十人以上殺害された。

まさに「どっちもどっち」なのであり、今日の尺度で単純に論じられない状況があった。が、大局的に見れば、朝鮮、つまり大韓帝国が親露政策、さらには反日・侮日《ぶにち》政策を採ったわけであり、このことが両国の関係における決定的なターニング・ポイントになったことは間違いない。

「元寇」を繰り返させてはならない

この結果、朝鮮はわずか数年のうちにロシアの保護領同然になってしまった。つまり朝鮮半島は、トルキスタンなどのように、いわばロシア領コリアスタンのごとくになりつつあったというわけである。ロシアは北朝鮮の鉱山採掘権を取り、鴨緑江《おうりよくこう》のあたりの森林を伐《き》る権利を得たりしている。

韓国皇帝がロシア公使館内で暮らすようになったのはその象徴とも言うべき出来事であったが、日本にとって最大の問題は、ロシア軍が韓国領内に戦略拠点を築きだしたことである。

もともとロシア海軍は、沿海州《えんかいしゅう》のウラジオストク（この地名は「東方《ウオストーク》を征服《ウラジ》せよ」というロシア語に由来する）に基地を構えていたが、この軍港は冬期になると凍結してしまうという欠点があった。そこで、冬でも利用できる不凍港《ふとうこう》を求めていたのであるが、韓国を事実上の保護国にしたことで、その念願が叶《かな》うことになったのである。

勢いに乗ったロシアは一九〇三年（明治三十六）、韓国から北朝鮮の龍岩浦《りゅうがんぽ》（鴨緑江河口の港町）を手に入れて、これをポート・ニコラスとした。この港は黄海《こうかい》に出る要衝《ようしょう》であり、関東州や朝鮮の西海岸に圧力をかけることができた。これによって、ロシア海軍は遼東半島沿岸や朝鮮の西海岸付近の制海権を握ったことになる。これは、日本の防衛にとって大変な脅威であった。

このような一連のロシアの動きに対して、日本は絶えず抗議を申し入れていたのだが、なにしろロシアから見れば日本などは取るに足らぬ勢力で、相手にもされなかった。

当時、ロシア海軍の艦船の総排水量は約五十一万トン、そのうち約二十万トンはすでに極東に回航されていた。一方、日本の連合艦隊の総排水量は約二十六万トンである。日本の全海軍に近いトン数に膨れ上がったロシア極東艦隊は龍岩浦だけでは満足せず、さらに朝鮮海峡に面した馬山浦《まざんぽ》や鎮海湾《ちんかいわん》を目標とし、ついで対馬《つしま》の竹敷《たけしき》港を虎視眈々《こしたんたん》と狙っていた。

ここから日本までは、もう目と鼻の先と言ってもいい。かつてフビライ・ハンのモンゴル・朝鮮連合軍が日本を襲ったとき（元寇《げんこう》）も、この周辺の港から出発し、対馬・壱岐《いき》を侵して北九州に上陸した。もし、巨大海軍を誇るロシアが朝鮮南部に拠点を得れば、元寇がふたたび繰り返されることになるであろう。

こういったロシアの動きに対し、三国干渉以来、日本国内で「ロシア討つべし」という世論がますます強くなったのは言うまでもない。三国干渉以来、次はロシアと戦う日が必ずやってくるというのが当時の軍人の覚悟、あるいは諦念《ていねん》となっていた。軍神といわれた広瀬武夫《ひろせたけお》などの将校も、来《きた》るべきロシアとの戦いには戦死を覚悟し、結婚しなかったのである。だが、日本政府は決して軽挙妄動《けいきょもうどう》しようとはしなかった。

なぜなら、当時のロシアといえば世界最強の陸軍国であり、海軍もイギリスに次ぐほど巨大であったからだ。なにしろロシアのコサック騎兵は、あのナポレオンですら裸同然で追い返したほどの精強で恐ろしい実力の持ち主であった。

十九世紀後半に鉄血宰相《てっけつさいしょう》ビスマルクが築いた大ドイツ帝国は、無敵の陸軍を有していた。その参謀総長はモルトケであり、彼も軍事の天才として世界中から尊敬されていた。ビスマルク＝モルトケのドイツはデンマークを討ち、オーストリア帝国に七週間で完勝し、フランス帝国を半年足らずで崩壊せしめた。

しかしそのドイツ帝国ですらも、絶対にロシアとは戦わないというのがビスマルクの基本方針で、ロシアとの戦争を回避した。これは軍事的に見て、十分には勝ち目はないと判断したからにほかならない。その理由の一つは、当時の騎兵の力の差だった。

通常の陸戦ではドイツ軍は強い。だが、これという山岳地帯のない、したがって身の隠しようのない東部戦線においてナポレオンをも追い返したコサック騎兵と戦えば、これはきわめて危険である――このような認識があったがゆえに、ビスマルクですらロシアとは戦わないという大前提で、全ての外交政策を立てていたのである。

そのロシアと日本が戦うなど、正気の沙汰《さた》ではない。もちろん、誰も日本が勝つとは予想していなかった。

しかし、このままロシアの南下を許すわけにもいかない。ロシアが日本を標的にするのも時間の問題であろう。日本の生存を守るためにロシアとの戦いが避けられないことは、火を見るより明らかであった。

鎮海湾を抑えられたら全朝鮮がロシア軍に制されることになり、全朝鮮半島を抑えられたら日本が危ない。ロシアはすでに鎮海湾に近い馬山浦に手を出そうとしているのだ。

このロシアの重圧については後年、朝鮮戦争が始まったとき（昭和二十五年＝一九五〇年）、アメリカのマッカーサー元帥《げんすい》も認めざるをえず、アメリカ軍は朝鮮半島で死闘をすることになる。

ここに至って、日本はロシアとの外交交渉を続行するのを諦《あきら》め、ついに戦争の道を決めざるをえなくなった。

それまでの日本の方針としては、満洲まではロシアに取られても仕方がない、しかし朝鮮半島まで下りてきてもらっては困るという、現在から見ても大変筋の通った、また控えめな要求だった。むろん、戦争など好んで起こそうという気もなかった。

ところが、その要求が完全に無視されて、朝鮮半島までがロシアの勢力範囲に入り、日本に最も近い港まで危険になるに至って、日本政府もロシアとの戦争を覚悟せざるをえなくなった。

人種差別を正統化した〝進化論〟

昭和二十年（一九四五）の敗戦以後、日露戦争は「日本が起こした侵略戦争」とする見方が急速に広まった。しかしその本質は右に挙げたとおりであって、これは侵略戦争というよりも日本人の「祖国防衛戦争」と見るのが実態に近い。

たしかに、朝鮮半島やシナ大陸を主戦場にして勢力圏を争うという行為自体は「侵略」と定義しうるかもしれない。だが、日本が侵略を行ったというのであれば、当然ながら、その相手である清国やロシアの「侵略行為」をも問題にするのが筋《すじ》であろう。清は朝鮮を自分の庭にしてきたし、またロシアはその清国から領土を奪い取っているではないか。

この十九世紀末から二十世紀前半の国際社会は、「侵略は是《ぜ》」とされた時代であった。この時代の思想を簡潔に表現するならば「弱肉強食」、あるいは「適者生存」という言葉を使うのが最もふさわしい。

言うまでもないが、このキーワードはダーウィンやスペンサーが提唱した進化論に由来する。もちろん、植民地主義や帝国主義を正当化するためにダーウィンは進化論を作ったわけではない。本当の進化論は「自然淘汰《しぜんとうた》による種の発生」を説明するという、動植物学に関するものである。だが、一八五九年にダーウィンの『種の起源』の出版によって進化論が科学として認知されると、そのアイデアは通俗的な形となり、爆発的な勢いで社会に広まっていった。

欧米の植民地政策は、ダーウィニズムによって〝お墨《すみ》つき〟をもらったようなものであった。なぜなら、「優れた白人が劣った有色人種を征服することは自然の摂理なのだ」ということになったからである。まさに、進化論は人種差別の道具になってしまったのである。

これは余談になるが、欧米の言語学者のなかには「言語進化論」というものを考え出した人もいるほどである。つまり、ヨーロッパの言語こそが言語進化の頂点にあり、シナ語や日本語のような、有色人種の使う言語は進化程度が低いというのだ。そればかりか、そのての学者の意見によれば、「ヨーロッパ系の言語を話す女性が〝程度の低い言語〟を話す男性と結婚するのは一種の犯罪行為である」というのであるから、恐れ入る。しかも、これはアメリカで日本人と白人女性との結婚を止めるために用いられた形跡がある。

しかし当時は、進化論を持ち出せば何でも正当化できるという雰囲気が、欧米社会に充満していたのである。このような「弱肉強食」を是とする国際社会のなかで、日本がその生存と独立を維持しようとすれば、同じように弱肉強食の論理に従わざるをえなかった。ヨーロッパの植民地帝国は言うまでもなく、「全ての人間は平等に作られた」という独立宣言を持つアメリカも、黒人を奴隷にし、インディアンの土地を奪い、ハワイ王国を暴力的に併呑《へいどん》し、スペインから奪ったフィリピンを植民地にしたばかりという国際情勢であった。

世界を驚かせた日英同盟

「開戦やむなし」とは言っても、日本がロシアと戦って勝てる可能性は万に一つもない。日本政府の首脳たちもそう考えていたし、他の欧米諸国もみな、そう思っていた。

ところが、日本にとって思わぬ味方が現れた。それは大英帝国である。明治三十五年（一九〇二）に日英同盟が結ばれたことが、日本を開戦に踏みきらせた。

もちろん、同盟とは言っても、はるばるヨーロッパからイギリス軍が援軍に来てくれるわけではない。武器供与をしてくれるわけでも、戦費を調達してくれるわけでもない。しかし、かの大英帝国がロシアに対して圧力をかけ続けてくれれば、ロシア軍の動きは大いに妨げられる。ロシアと同盟関係にある国も、イギリスとの関係上、ロシアを軍事的に助けることはないだろう。また、イギリスはロシアに対する一切の便宜供与《べんぎきょうよ》を拒絶するだろう。そうなれば、小国・日本がロシアに勝つチャンスが生まれるはずである。

日本にとって、この同盟の持つ意味はまことに大きかったわけだが、英国が日本と同盟を結んだというニュースを聞いて、当時の国際社会は文字どおり仰天した。なぜなら、世界に冠たる海軍を誇る大英帝国が、有色人種の小国・日本と同盟を結ぶというのは、当時の常識では考えられないことであったからだ。

そもそも当時の大英帝国は〝光栄ある孤立〟(Splendid Isolation)を誇りにしていて、ヨーロッパにおいてすら他国と同盟を結ばなかった。イギリスと同盟を組めるなどと思ってもいなかったのは、日本人も同じであった。伊藤博文《いとうひろぶみ》ですら、「イギリスが本気で同盟を組んでくれるはずはない」と言って、日英同盟の話を本気にしなかったくらいである。

ちなみに伊藤は、「この苦境を打開するためには日露協商を結ぶ道を探すほうが現実的である」と考えていた。つまり、満洲におけるロシアの権益をすべて認める代わりに、朝鮮から手を引いてもらうという苦肉の妥協策である。実際、伊藤は自らロシアに行ってその交渉を行おうとしているほどだ。

では、なぜ世界を驚かせた日英同盟は生まれたのか。そのきっかけとなったのは、日清戦争の五年後の明治三十三年（一九〇〇）に起きた北清《ほくしん》事変であった。

義和団の乱における日本軍の品格

当時の清国は、すでに述べたように、日清戦争で日本に一度は平和条約で割譲《かつじょう》した関東州を恢復《かいふく》する目的で、〃以夷制夷《いいせいい》〃政策（外敵を制するのに別の外敵を利用するというやり方）を採って日本に圧力をかけることを白人諸国に依頼したため、その「落とし前」として諸外国から好きなように食い荒らされているような状態になってしまった。とくに明治三十年（一八九七）、ドイツが膠州湾《こうしゅうわん》を武力占領してからは、ロシア、フランス、イギリスなどが相次いで領土を奪い、まさに清国は〃生体解剖《せいたいかいぼう》〃の如き状態となった。

このような西洋列強の動きに反発して、シナ人たちが白人排斥の感情を抱くようになったのはまことに無理のない話であったが、そうした反西洋感情の旗頭となったのが〃義和団《ぎわだん》〃という宗教集団であった。

義和団は、〃扶清滅洋《ふしんめつよう》〃（清を扶《たす》け、西洋を滅ぼす）とか〃代天行道〃（天に代わって正義を実現する）をスローガンにする一方で、その信徒たちに独特の拳法〃義和拳〃を教えた。この義和拳を身につけて呪文を唱えれば刀槍不入《とうそうふにゅう》、つまり刀や槍で攻撃されても傷つかない身体になるとされた。北清事変のことは英語で、the Boxer Rebellion という。直訳すれば〝拳闘士の叛乱〟ということだが、これはこの義和団の拳法を指しているのである。

この義和団の乱は、最初、山東省で起こったが、瞬《また》く間に清国全体に広がり、各地でキリスト教の教会が焼かれたり、西洋人が殺されることとなった。そして、その勢いは留まるところを知らず、とうとう義和団は北京《ペキン》を制圧し、同地の公使館区域を包囲するという事態にまで発展したのである。また同時に、天津《テンシン》の租界《そかい》も包囲され、外国の居留民多数が閉じ込められた。日本公使館書記の杉山彬《すぎやまあきら》は永定門外で、ドイツ公使ケトレルは道路上で殺されるという事件も起こった。

ところが、このような事態になっても清国政府は傍観するのみで、義和団を排除しようとはしない。それどころか、清国の光緒帝《こうしょてい》は守旧派に迫られ、義和団の行動を是として、これをきっかけに諸外国と戦うという詔勅《しょうちょく》まで出したのである。

つまり、これは最初から〝グル〟だったのである。清の宮廷は排外主義の巣窟《そうくつ》である。白人たちの力が怖いから、仕方なしに外交関係を結んでいるが、本当は義和団と同じで攘夷派《じょういは》なのだ。そこで清朝は表向きは反乱を鎮圧《ちんあつ》しようとしたけれども、内心は彼らの暴行を喜んでいたのである。そして、この義和団が北京を包囲するときを待っていたのだ。

ここに至って、義和団の暴動は内乱から一転して対外戦争になった。清国正規兵が北京の公使館や天津の租界を攻撃し始めたのだ。

これを見た列国は、まさに驚愕した。このままでは、公使館員や居留民が皆殺しになるのは目に見えている。しかし援軍を送ろうと思っても、ヨーロッパから派遣するのでは間に合うはずもない。そこで、欧米列強はみな日本が救援軍を派遣することを望んだ。ところが、日本政府は動こうとはしなかった。国際社会の反応を恐れたからである。三国干渉は、ヨーロッパ諸国がいかに日本を警戒しているかをいやになるほど教えてくれた。

欧米列強のなかには、日本を敵視・警戒している国もある。もしここで日本軍がすぐに動き、北京や天津を平定すれば、そうした国はきっと「義和団の乱を口実にして、日本は清を侵略した」と言い出すに違いない。

そこで日本政府としては、自国だけの判断で出兵することを避けた。あくまでも他国から正式の要請がなければ動くわけにはいかない、としたのである。駐日イギリス公使がいくら出兵を要請してきても、決して日本政府は動かなかった。欧州各国の意見を代表する形でイギリス政府から正式な申し入れが来て、初めて日本は出兵を承諾したのである。

このことを見ても分かるように、当時の日本政府は、あくまでも欧米との協調を旨《むね》とし、文明国として節度ある行動を採ろうとしていた。当時の白人中心の世界で、日本が受け容れられるためには〝模範生《もはんせい》〟になるしかない。いまから見ると、当時の日本の努力には涙ぐましいものがある。

さて、日本からまず派遣されたのは、参謀本部第二部長・福島安正《ふくしまやすまさ》少将を司令官として編成された臨時派遣隊で、天津城を列国の軍とともに攻撃して、日本軍が最初に入城した。この激戦での死傷者は日本軍が約四百人、アメリカ軍約百二十人、フランス軍約百十人、イギリス軍が約九十人であった。

しかし清国軍は約十万人であり、北京にはなかなか近づけない。それで日本はさらに、山口素臣《やまぐちもとおみ》中将率いる第五師団を派遣した。日本軍は欧米との連合軍において常に先頭に立ち、猛暑のなかを力戦奮闘した。その結果、北京もついに落城するわけだが、このときの様子を見て、欧米列国は日本軍の規律正しさに感嘆するのである。とりわけ彼らを驚かせたのは、日本軍だけが占領地域において略奪行為を行わなかったという事実であった。

当時の欧米兵の間では、略奪や強姦《ごうかん》が常識とされていた。実際、北京でも上海でも、大規模な略奪が行われた。

そのなかで最も悪質だったのがロシア軍で、彼らは日本軍が警備している頤和園《いわえん》（清朝の離宮）に勝手に侵入し、財物を根こそぎ持ち去った。イギリスの『タイムズ』紙の記者は、「ロシアは夏宮殿（頤和園）の組織的剝奪《はくだつ》を完了した。価値のある物はすべて包装し、ラベルを貼った」と報告している。つまりロシア軍は兵士個人が略奪をするのではなく、軍隊そのものが略奪集団となっているのである。

しかし、略奪を行ったのはロシア軍だけではなかった。イギリス軍兵士でさえ略奪行為を行い、手にいれた骨董品類や宝石は公使館のなかでオークションにかけたという（村上兵衛《むらかみひょうえ》『守城の人』〈光人社〉および中村粲《なかむらあきら》『大東亜戦争への道』〈展転社〉参照）。今年（二〇〇九年）になって、その時の彫刻がパリのオークションに出て、中国人が落札したとかいうことがニュースになった。

ところが、日本軍だけはこうした略奪行為をしなかったし、また任務終了後は直ちに帰国したので、欧米列国の日本に対する評価は大変高かった。

柴中佐の活躍がイギリスの日本観を変えた

日本の評判を高めたのは第五師団ばかりではなかった。救援軍が到着するまで、北京の公使館区域が持ちこたえたのも日本人の活躍が大きかった。

当時、北京には日本を含めて十一カ国の公使館があった。それらの公使館員を中心に義勇軍が作られたのだが、そのなかでも最も勇敢にして功績があったのは日本人義勇兵であったという。

公使館付き武官であった柴五郎《しばごろう》中佐の指揮のもと、日本人義勇兵がいかに見事に戦ったかについては、村上兵衛著『守城の人』に詳述されている。同書によると、日本人は受け持ち地区を防御するだけでなく、イギリス公使館が襲撃されたときにも救援に駆けつけ、清兵を撃退して大いに感謝されたという。

籠城《ろうじょう》当時のことを取材し、『北京籠城』という本を書いたピーター・フレミングは、このときの日本人について次のように書いている。

「日本軍を指揮した柴中佐は、籠城中のどの士官よりも有能で経験もゆたかであったばかりか、誰からも好かれ、尊敬された。

当時、日本人とつきあう欧米人はほとんどいなかったが、この籠城をつうじてそれが変わった。日本人の姿が模範生として、みなの目に映るようになった。

日本人の勇気、信頼性、そして明朗さは、籠城者一同の賞讃の的になった。籠城に関する数多い記録の中で、直接的にも間接的にも、一言も非難を浴びていないのは、日本人だけである」(村上・前掲書)

大英帝国が日本と同盟を結ぶに至ったのは、この北清事変で日本軍が文明国の〝模範生〟として行動したことが大きかった。当時の北京にいた世界中の先進国の人々を前にして、日本の軍人は飛びきりのファイン・プレーを示したのだ。

アジアの小さな有色人種国家にすぎないと思われていた日本が、かくも規律正しく、勇敢に動いたことが彼らの印象を一変させ、「同盟相手として信ずるに足りる国である」という評価をもたらした。

たとえば、ロンドン在住の林董《はやしただす》公使に最初に日英同盟の提案をしたのは、イギリスの外交官マクドナルドであった。彼は北清事変当時、イギリス公使として北京に駐在していた人である。彼は北京籠城の時は各国公使団の団長の資格で、防衛軍の司令官でもあった。彼は公使であったが軍人の家に生まれ、士官学校卒業者で普通の大学は出ていないプロの軍人である。当然のことながら、現地で柴中佐をはじめとする日本人の活躍を見ている。おそらく彼は本国の外務省に、「日本は信頼できる」と伝えたであろう。

彼は北京のあとは東京に公使として赴任し、日露戦争後は初代日本大使になった人である。事実、日英同盟がイギリス政府で問題になった時には急遽、ロンドンに呼び戻され、国王や首相ソールズベリ、外相ランズダウン、駐英公使・林董とも会っている。

また北清事変では、たくさんのイギリス人将校が救援軍に参加していたし、前述のイギリスの『タイムズ』紙の記者なども現場にいた。彼らが日本軍の模範的行動を見て、親日的感情を抱いたのは想像に難くない。

結局、国家間の外交も人間が動かすものである。そこには打算もあるだろうが、最終的な決め手となるのはやはり人間的な信頼ではないか。そのことをこの北清事変は教えてくれている。

日英同盟の場合、イギリスはアジアの植民地を守るためのパートナーとして国益のために日本を選んだわけだが、「日本は信頼できる国である」と言う人たちがイギリス政府部内にいてくれなければ、別の相手と同盟を組んだであろう。

イギリスはその頃、南アフリカのボーア戦争（注1）に手を焼いていた。イギリス陸軍が東アジアでロシアの南下を抑えることは全く不可能とわかったので、東アジアに信頼できる国を求めていたという事実もあったことが、いまではわかっている。しかし当時は、イギリスのその頃の苦渋《くじゅう》はまだ知られていなかった。

前にも述べたとおり、日英同盟の成立は当時としては外交常識では考えられないような条約である。マクドナルドから同盟の提案があっても、それを信じなかった人は日本政府内にたくさんいたのである。伊藤博文ですら、ロシアとの妥協のほうが可能性が高いと見ていた。

日本人ですら信じないような同盟が成立した背景を考えていくと、やはり北清事変でイギリスの日本観が変わったということ以外にありえないのではないか。

ただ、日英同盟の成立に力のあったマクドナルドは、その同盟を一九一一年（明治四十四）から一九二一年（大正十）まで延長することを決めた一九〇五年（明治三十八）の決定には反対した。日本のシナ大陸への進出を怖れたからである。彼は「ロシア嫌いで日本好き」として有名であったが、イギリスの権益至上主義者であったことを忘れてはならない。

なにしろ彼は日清戦争終結直後の三国干渉で、ロシアが関東州（旅順《りょじゅん》など）を獲得し、ドイツが青島《チンタオ》、フランスが広州湾《こうしゅうわん》を獲得するのをみるや、強引にイギリスのために威海衛《いかいえい》や香港《ホンコン》対岸の九龍《クーロン》地区を獲得した愛国者・帝国主義者であったのである。

（注1）**ボーア戦争**　一八九九年、南アフリカの金やダイヤモンドを狙うイギリスがオランダ系住民の国、トランスバール共和国およびオレンジ自由国を侵略した戦争。一九〇二年に終結。両国は併合《へいごう》され、一九一〇年、南アフリカ連邦が成立。南アフリカ（南ア）戦争、ブール戦争とも呼ばれる。

日英同盟を潰したアメリカの陰謀

もう少しだけ日英同盟の話を続ける。

すでに述べたように、日英同盟はロシアと戦う日本にとって、大変大きな助けとなったわけだが、日露戦争以後も日英双方にとって重要な意味を持ち続けた。

私はある日英間の親善団体の理事をしているのだが、かつてイギリス代表の著名な学者に「何と言っても、日英双方にとって最も不幸だったのは日英同盟の解消であったと思う」ということを話したことがある。すると彼が、「まことにそのとおりだ」と膝を打たんばかりにして同意してくれたので、やはりイギリスにもそのように見る人がいるのだと知った。

日英同盟は途中、二度の改訂を経て、大正十年（一九二一）十二月まで存続した。およそ二十年間にわたって、日本とイギリスは同盟関係にあったことになる。

この間、イギリスと連携していたことで日本が大きな利益を得ていたことは言うまでもない。「イギリスと同盟を結んでいる」ということで、国際社会における信用は大いに高まったのである。また、日本にアジアを任せていられたおかげで、イギリスもヨーロッパ大陸での外交に力を集中することができたから、彼らも幸福であった。第一次世界大戦のときも、イギリスはまったくアジアのことを心配しないで済んだ。

その日英同盟の解消を企《たくら》んだのは、シナとアメリカであった。とりわけアメリカの力が大きかった。彼らは、日英同盟によって日本の地位が向上し続けていることに不満を持ったのである。当時のアメリカは、シナ大陸に進出することを最大の目的にしていた。ハワイ、グアム、フィリピンと西進していったアメリカにとって、最後の〝フロンティア〟というべき場所がシナ大陸であった。

ところが、そのシナ大陸にはすでにヨーロッパ諸国や日本が進出していて、アメリカが割り込む隙《すき》はあまりない。そこで彼らは日英同盟を解消させ、日本の力を低下させることでチャンスを作ろうとしたのだ。

アメリカは、日露戦争における日本の勝利を見て日本を第一の仮想敵国と見做《みな》し、「オレンジ計画」なる対日本戦略構想を立案、推進することになった。そして、第一次欧州大戦の結果としてロシア帝国とドイツ帝国が消えたとき、アメリカの眼には、日英同盟はアメリカに対する砦《とりで》の如く映ったらしい。

アメリカが精力的に運動した結果、大正十年（一九二一）のワシントン会議において日英同盟は解消されることになった。その代わりということで日・英・米・仏の四国協定が結ばれたのだが、これが形ばかりのものであるのは言うまでもない。〝共同責任は無責任〟という言葉のとおり、この条約は何の意味もなかったし、実際、何の役にも立たなかった。

同盟が解消されてからの日本とイギリスには、まったくいいことがなかった。

イギリスとの同盟がなくなったと見るや、アメリカは日本を狙い撃ちし始め、日米関係は悪化の一途を辿《たど》った。この三年後の大正十三年（一九二四）に、米国議会で〝絶対的排日移民法〟が成立したのは、その手始めともいうべき出来事であった。

以来、日本はどんどん国際社会で孤立していき、最後には敗戦国になった。またイギリスも、第二次世界大戦で勝ったのはいいとしても、気がついたら帝国は解体せしめられ、かつての栄光は失われ、経済的にも一人当たりの国民総生産が、かつての植民地シンガポール以下になってしまったのである。

先ほどのイギリス人の著名な学者にしても、「振り返ってみれば、日本と同盟を結んでいた時期こそが大英帝国の絶頂期だった」という忸怩《じくじ》たる思いがあるからこそ、私の問いかけに「そのとおり」と答えたのであろう。いまさら後悔してどうなるものでもないが、日本にとってもイギリスにとっても、日英同盟が消えたことはまことに大きな不幸であった。

ついでに言っておけば、シナ事変（日華事変、日中戦争）の時に、イギリスが国民党軍の蔣介石《しょうかいせき》に肩入れしなければ事変は短期間に終わり、その後、大英帝国が実質的に解体する運命にもならなかったであろう。この仮想を昨年、イギリスの元外交官に語ったら否定しなかった。

それはさておき、戦前の国際社会を見るとき、日英同盟が非常に重要な要素であったこととそれを解消させたのがアメリカであったことは、ぜひ認識してもらいたいと思う。

第7章

大帝国ロシアを倒した日本人の叡智《えいち》

明治政府の高度な外交戦略

日露戦争（一九〇四〜〇五）は、世界中の人々の度肝《どぎも》を抜くような二十世紀初頭の大事件だった。

近年では、日露戦争の歴史的意義が語られることが少ない。それどころか、どうも戦後、「ソ連はわが祖国」というような発想の人物が日本の歴史学界、とくに教科書の執筆に幅を利かせたため、この戦争自体をよく知らない人が多くなった。しかし、この戦争は二十世紀の幕開けとも言うべき超重大事件であったのだ。

歴史家でない伊藤正徳《いとうまさのり》の『軍閥興亡史《ぐんばつこうぼうし》』と司馬遼太郎《しばりょうたろう》の『坂の上の雲』によって日露戦争が語り継がれ、とくに後者が広汎《こうはん》な読者を獲得したのは嬉しいことである。本当なら教科書で大きく扱うべきことなのだが。

日本がついにロシアとの開戦を決意したのは、日英同盟の成立による。

すでに満洲全土はロシアのものとなっている。彼らは、北清事変を口実に満洲に兵を進め、一向に撤兵する様子もない。このままでは、朝鮮が完全にロシアの支配下になる日も、いずれ遠からずやってくるであろう。そうなれば、日本は完全に窮地に陥《おちい》ってしまう。

かくして日露戦争となるわけだが、とは言っても、日本政府の首脳もロシア相手に完勝できるなどとは考えてはいなかった。

ロシアと日本の国力の差は、いかんともし難い。緒戦《しょせん》において日本は勝てるかもしれないが、長期戦となれば国力に優るロシアのほうが絶対有利である。「ならば、少しでも日本が優勢になれば直《ただ》ちにロシアと講和を結び、少しでも有利な条件で戦争を終えるしかない」というのが、伊藤博文《いとうひろぶみ》をはじめとする日本の指導者たちの結論であった。

だが、誰を講和条約の仲介者とすべきか。

イギリスは日本の同盟国であるから、講和の仲介者たりえない。フランスはロシアと軍事同盟を結んでいるから問題外である。また、ドイツ外交は権謀《けんぼう》を好むから信用できないところがある。そこで浮上したのがアメリカであった。

アメリカは、日露間の問題については中立的な立場にあるし、また不平等条約の改正にも前向きの姿勢を示すなど、日本に理解を示している。アメリカを味方に付ければ、日本に不利にならないよう講和を進めることは十分可能であろう。

そこで、日本は開戦を決意すると同時に、アメリカに特使として当時の司法大臣、金《かね》子堅太郎《こけんたろう》を送ることにした。金子は、アメリカのルーズベルト大統領とハーバード大学の同窓であったから、特使として最適であった。

それにしても、戦争が始まる前から和平のための特使を友好的な中立国に送り、さらにアメリカの世論を日本に有利なように導こうとした明治政府の外交センスの高さは、いくら評価してもしきれるものでない。「いつ、どのようにして戦争を終わらせるか」などということをまったく考えずに、シナやアメリカ相手の戦争に突入した昭和の政府や軍部を考えると、天と地ほどの違いがある。

なぜ、そんな高度な外交戦略がとれたかと言えば、前にも書いたように、日露戦争当時は「たとえ憲法に書かれてなくとも」、元老《げんろう》から指名を受けた首相や内閣には権威があった。だからロシアと戦争を始めるとなると、政府が金子を特使に送るという決断もできたのである。

ところが昭和に入り、元老が死に絶えてしまうと、それは不可能になった。憲法が杓《しゃく》子定規《しじょうぎ》に解釈された結果、日本は「首相や内閣のない国」になってしまった。

軍人は戦争を始めることはできても、終わらせることはできない。それは政治家の仕事だからである。それは、このときに作られた伊藤博文の漢詩を見てもよく分かると思う。

御前会議でロシアとの開戦が決まったとき、枢密院《すうみついん》議長であった伊藤博文は、自ら金子堅太郎に特使の依頼をし、次のような詩を与えた。

日露交渉將斷
四十餘年辛苦跡
化爲醉夢碧空飛
人生何恨不如意
興敗憑他一轉機

日露交渉マサニ断《タ》エントス
四十余年ノ辛苦《シンク》ノ跡
化シテ酔夢《スイム》トナッテ碧空《ヘキクウ》ニ飛ブ
人生何ゾ恨《ウラ》マン　意ノ如《ゴト》クナラザルヲ
興敗ハ他ノ一転機ニヨル

この詩には、どこにも楽観的なところはない。「日露関係はついに断絶せんとしている。明治維新から四十年にわたる苦労も、この一戦で消えてなくなるであろう。しかし、たとえそうなっても人生を恨むまい」と伊藤は金子に語りかける。そして、「ただアメリカのルーズベルト大統領が動いてくれれば、それが一大転機となって生き残れるかもしれない」と言う。

もちろん、漢詩は文学表現であるから、そこに誇張はあろう。だが、日本がロシアの前にふき飛んでしまうというのは、偽らざる伊藤の本心であった。

彼は日本の国力に対して、いささかの幻想も持ってはいない。なぜなら、彼が明治の日本を作ったからだ。しかし、それでも将来の日本のためにロシアとの開戦を決断するのが政治家であり、また同時に「いかにして終わらせるか」をも考えるのが政治家というものなのだ。

ちなみにこのとき、金子堅太郎は伊藤の漢詩に対して、自らも漢詩で答えて渡米を承諾した。

樽俎折衝無寸功
仁川海上礮丸飛
米邦幸在同盟外
獨握平和好轉機

樽俎《ソンソ》ノ折衝《セッショウ》　寸功《スンコウ》ナシ
仁川《ジンセン》ノ海上　礮丸《ホウガン》（砲丸）飛ブ
米邦ハ幸《サイワイ》ニ同盟ノ外ニアリ
独《ヒト》リ平和ノ好転機ヲ握ル

「平和な外交交渉（樽俎の折衝）でロシアの意図を挫《くじ》くことはできなかった。韓国京城《ソウル》の外港である仁川に砲弾が飛ぶことになるであろう。幸い、アメリカは中立である。彼だけが平和への鍵を握っている」というのが、その意味である。

明治の代表的漢詩人の一人といわれる伊藤博文（号春畝《しゅんぽ》）の詩に比べれば見劣りするが、アメリカ的教養の持ち主だった金子でさえ漢詩を作れるのだから、明治の政治家の教養は大したものである。しかも「飛」と「機」という字を二行目と四行目に使って、博文の詩の韻に合わせている。つまり次韻《じいん》しているのである。

また、金子の渡米を聞かれた昭憲《しょうけん》皇太后は、金子邸に行啓《ぎょうけい》あそばされて成功するよう励まされたという。皇后もロシアと戦うことを憂慮されていたが、ある夜、その夢のなかに坂本龍馬《さかもとりょうま》（注1）が現れて、日本の海軍が大勝すると奏上《そうじょう》したので、そのことを明治天皇に申し上げられると天皇も喜ばれたという。

（注1）**坂本龍馬**（一八三五〜一八六七）　土佐《とさ》藩郷士の家に生まれ、脱藩して勝海舟《かつかいしゅう》の門に入り、海軍操練所《かいぐんそうれんじょ》設立に尽力して塾頭となる。操練所解散後は海援隊を組織して、運輸通商に従事しながら倒幕《とうばく》運動を展開。薩長同盟締結を仲介し、大政奉還を成功させたが、京都で暗殺された。

ロシア革命を成功させた日本軍人

三国干渉によって遼東半島を還付して以来、「やがてはロシアと戦うことになる」ということは日本人の共通認識になった。

三国干渉のところでも触れたように、日露戦争の軍神として崇《あが》められた陸軍の橘周太《たちばなしゅうた》中佐（遼陽《りょうよう》・首山堡《しゅざんぽ》で戦死）も、海軍の広瀬武夫《ひろせたけお》中佐（旅順《りょじゅん》港閉塞作戦で戦死）も、日清戦争とそれに続く三国干渉により、日露戦争の避け難いことを知り、それを死に時と覚悟して結婚話を断っていたという。

また、百九十九名の死者が出たことで知られる八甲田山《はっこうださん》における青森歩兵第五連隊の雪中訓練も、日露戦争を念頭に置いたものであった。そこで無事生還した倉石一《くらいしはじめ》大尉も、日露戦争では黒溝台《こっこうだい》の戦闘で戦死している。

ロシアとの戦争は、日本史上では元寇《げんこう》以来の国難である。〝国家存亡の秋《とき》〟という表現があるが、まさに日露戦争は日本の存続を賭けた戦いとなるであろう。

日露戦争では、開戦前から多くの有能な軍人がキャリアを投げ捨ててまで、諜報《ちょうほう》活動や謀略《ぼうりゃく》活動に身を投じた。これはこの戦争の特色と言ってもいいのだが、そうした人たちが多く現れたのも、ロシアの脅威がまことに大きかったことの表れなのである。

たとえば、北清事変《ほくしんじへん》でも活躍し、のちに大将にもなった福島安正《ふくしまやすまさ》は、ベルリン公使館付き武官としてドイツから帰国する際にシベリアを単騎横断しているが（明治二十五年＝一八九二年二月から一年あまり）、これも対ロシア戦を睨《にら》んだ情報探査が目的であった。これはほんの一例で、身の危険を顧《かえり》みず、満洲や韓国に潜入した軍人はたくさんいたのである。

こうした情報将校のなかでも、日露戦争において最大の貢献をなしたのが明石元二郎《あかしもとじろう》（当時、大佐）である。日露戦争における明石の働きは「数個師団に匹敵した」と言われ、「日露戦争の勝因の一つは明石大佐であった」とされた。

明石が行ったのは、ヨーロッパにおけるロシアの革命勢力を援助することであった。彼は、スウェーデンの首府ストックホルムを中心として、各地に亡命している革命家たちを資金援助し、パリで空前絶後の反ロシア集会を行うことにも成功している。また、レーニン（注1）とも親交があったという。

こうした活動の結果、ロシア各地で反政府暴動や争議が頻発《ひんぱつ》し、ロシア政府は戦争に専心できなくなってしまった。ロシア革命の発端とされる「血の日曜日事件」（一九〇五年一月二十二日）がペテルブルグで起きたのも、元を質《ただ》せば彼の活動によるものである。日露戦争から十二年経った一九一七年（大正六）にロシア革命が起きるわけだが、日本人、明石元二郎が革命の火種になっていたと言ってもよいかもしれない。

（注1）**レーニン**（一八七〇〜一九二四）　ロシア革命の指導者。職業的革命家による前衛運動を唱え、ボルシェビキ（分裂したロシア社会民主労働党の左派）を率いて史上初の社会主義政権を樹立、ソビエト連邦を組織した。マルクス主義を理論的に発展させて第三インターナショナルを創設し、国際共産主義運動に多大な影響を与えた。著書に『帝国主義論』『国家と革命』など。

日本海海戦の完全勝利

アメリカにおいては特使・金子堅太郎が、そしてヨーロッパで明石元二郎が活躍したことが、日露戦争での勝利に貢献したということを述べてきた。

では実際の戦闘において、圧倒的に強いと思われたロシアに対して日本が勝てたのはなぜであろうか。日露戦争の詳細を語ることは、本書の目的からやや外れるかもしれないし、すでに書いたこともある。だが、これは日本史のみならず、世界史においてもきわめて重要な出来事であるので、ぜひ簡単に述べておきたいと思う。

世界中は、ロシアを相手に日本が戦争しても問題になるまいと思った。前述したとおり、当時のロシアは世界最大の陸軍と、イギリスに次ぐ海軍を持つ巨大な軍事国家であった。ナポレオンはロシアに裸同然に追い返され、ビスマルク＝モルトケが率いるドイツ帝国ですら、ロシアとの戦争を回避し続けたのである。

このようなロシア帝国と、封建《ほうけん》時代からぽっと出たばかりの日本が全面戦争をしたのである。正気の沙汰《さた》ではない。

しかし、日本は陸に海に勝ち続けた。では、どうして日本は勝てたのか。

これに対する答えとしてよく言われてきたのは、日本側の指揮官が優秀であり、兵士が勇敢であったということであった。これらの指摘は、事実としては間違いではない。

だが、指揮官が優秀で兵士が勇敢でありさえすれば勝てるというほど、近代戦は甘くはない。それで勝てるぐらいなら、アメリカの西部開拓史において、そうやすやすとインディアンは負けなかったであろう。戦士としてのアメリカ・インディアンの勇猛果敢さを認めない人はいまい。しかし、インディアンは潰《つぶ》されたのである。

日本海海戦で、日本海軍はロシアのバルチック艦隊相手に海戦史上、類のないパーフェクト勝利を収めた。また陸戦においても、兵力・物量において優勢なロシア陸軍に対して死闘を繰り広げ、最後の奉天《ほうてん》大会戦では、ついにロシア軍を敗走せしめた。

このような勝利を収めえたのは、もちろん運やツキだけのおかげであるはずがない。また、このときの兵士たちが実に勇敢に戦ったのは事実だが、勇敢だからといってそれだけで勝てる相手でもない。

では、日本が勝利を収めた要因は何であったか。

やはり何と言っても、当時の日本軍が画期的な〝新技術〟を導入していたことが大きいと言わざるをえない。海軍においては、下瀬火薬《しもせかやく》（後述）を用いた新砲弾。陸軍においては機関銃の導入。この二つが、日露戦争の帰趨《きすう》を決めるのに役立ったのである。これらはいずれも、戦争の概念を一変させるほどの力を持っていた新兵器であった。

まず海軍の戦力においては、日露双方を比較すればほぼ同等と言うべきであろう。戦闘艦としては、ロシア艦隊は戦艦八、巡洋艦十、駆逐艦《くちくかん》九隻である。これに対して、日本艦隊は戦艦四、巡洋艦八、駆逐艦二十一隻である。当初の海軍の総排水量トン数は前に述べたごとく、ロシアは日本のちょうど倍である。戦艦の数、そして大砲の門数もロシアが日本を上回っている。

ただ日本が有利であったのは、イギリスからの優れた新造艦を有していたという点であった。当時の日本では商船は造れても、まだ軍艦の造船までは技術的に無理であったため、当時の造船先進国であったイギリスから購入していたのである。それに近海のために、日本の駆逐艦や水雷艇のような小型の船も活躍できた。

しかし、この日本側のプラス面を勘定に入れても、バルト海から回航してきた、かのバルチック艦隊相手ではせいぜいドローン・ゲームが関の山であり、双方ともかなり被害を受けるというのが戦前の予想であった。勝っても六分四分ぐらいが常識の線であろう。

ところが実際の日本海海戦において、日本の軍艦は一隻も沈まず、バルチック艦隊はほとんど全部が沈むか、捕獲されたのだった。撃沈された戦艦六、巡洋艦五、駆逐艦五、他五、捕獲した戦艦二、駆逐艦一、他四という数字は圧倒的である。

ロシアの艦船でウラジオストクまで逃げおおせたのは、軍艦では損傷を受けた巡洋艦一隻と駆逐艦二隻だけというありさまであった。日本側の損害は水雷艇が三隻沈んだのみであるが、これは沈められたのではなく、波をかぶっての転覆である。当日は「天気《テンキ》晴朗《セイロウ》ナレドモ波高《ナミタカ》シ」であった。

まぎれもなく、日本側のパーフェクト・ゲームだった。このような完全勝利は海戦史上に類例がない。しかも、日本海海戦は当時までの人類最大の海戦であったのだから、その行方《ゆくえ》を見つめていた世界中の人々は、文字どおり仰天した。

バルチック艦隊を炎上させた下瀬火薬

日露戦争当時、海上における軍艦同士の戦いでは、どれだけ敵艦を沈めるかということが最大の目標であった。つまり、艦砲で砲弾を打ち込み、敵艦に穴を開けるということが主だったわけである。

ところが、艦砲による射撃というのは決して簡単な話ではない。第一、艦は常に波に揺れている。よほど熟練した砲員であっても、海に浮かぶ敵艦に砲弾をぶち込むのは至難の業《わざ》である。

また、仮に命中させたとて、必ずしも沈没させうるわけでもない。というのも、戦艦の側でも防御力を高めるため、船体に分厚い鉄板や鋼板を用いて砲弾が貫通しないようにしているからである。もちろん、そのために徹甲弾《てっこうだん》という貫通力の高い砲弾が発明されたりもしているのだが、それでも装甲した戦艦を沈没させることは容易ではない。

たとえば日本海海戦においても、日本の旗艦三笠《みかさ》は敵弾を三十七発も受け、甲板《かんぱん》や舷《げん》側《そく》に穴が開き、百人近い死傷者が出たが、それでも沈まずに戦い続けている。戦艦というのは船底を破られないかぎり、なかなか沈没しないものなのである。

このような事情があるから、艦隊と艦隊が直接に海上で激突する海戦は、砲弾こそ飛び交って派手ではあるが、実際にはさほどの被害を与えられないというのが、それまでの常識であった。

そんなことをするよりも、夜陰《やいん》に乗じて水雷艇で戦艦を撃沈したり、あるいは軍港内に停泊している艦船に向けて陸から大砲を打ち込むほうが、ずっと効率的なのだ。実際、日露戦争においても、日本海軍を苦しめた旅順艦隊を最終的に全滅させたのは、二〇三高地から旅順港に打ち込まれた二十八センチ榴弾砲《りゅうだんほう》であった。

ところが、バルチック艦隊と戦った日本海海戦において、日本はロシア艦三十八隻中十九隻を沈没させるという大戦果を挙げた。前にも述べたように、撃沈したもののなかには戦艦六隻、巡洋艦五隻が含まれている（このほか戦艦二隻を拿捕《だほ》）。このとき、日本側の損害は僅かに荒天のため転覆した水雷艇三隻のみだった。海戦史上において、まったく類を見ないほどの一方的勝利であった。

このような〝奇跡〟が可能になったのは、イギリス製軍艦や優秀な指揮官や勇敢な兵士のほかに、日本オリジナルの火薬、すなわち下瀬火薬と呼ばれる新式火薬があったからである。

下瀬火薬とは明治二十四年(一八九一)頃に、海軍技師の下瀬雅允《まさちか》によって発明された新型火薬である。これ以降、爆薬の歴史が変わったといっても過言ではない。実際、現在用いられているTNT火薬は、下瀬火薬の欠点を改良した結果、生まれたものだという。

この火薬の特徴は、炸裂《さくれつ》した爆風で人間や構造物を吹き飛ばすだけではなかった。従来の火薬を詰めた砲弾は比較的少数の破片となり、弧を描いてばらまかれるのに反し、下瀬火薬は弾殻《だんかく》を三千以上の破片にしてあらゆる方向に同じ速さで飛び、付近のものは一物たりとも生存しえないとされた。弾丸に当たったロシア軍艦の甲板や舷側は、蜂の巣の如くであったと判明している。

しかも、その気化したガスは高熱(三〇〇〇℃)であり、鋼鉄に塗ったペンキはあたかもアルコールの如く引火して火事を起こすというもので、こういった火薬を弾薬に用いていたのは日本海軍だけであった。

当時、ヨーロッパではフランスのユージーン・チュルパンが一八八六年に発明したメリニット火薬が画期的とされていた。これはピクリン酸系の炸薬《さくやく》である。下瀬火薬はそれより僅か数年遅れて開発され、同じくピクリン酸系と推定されたが、詳細は第二次世界大戦中もまだ軍事機密とされ、永らく秘されていた。ヨーロッパと比べてもその寿命は長く、ハワイ・マレー沖海戦の魚雷の火薬も下瀬火薬の改良型であったとされる。澤《さわ》鑑之丞《かんのじょう》造兵総監（中将）も、下瀬火薬が敵艦に当たると敵は一人も甲板に上れなかったと言っている。

この火薬は製造設備が整わなかったため日清戦争には間に合わなかったが、日露戦争でその威力を発揮した（松原宏遠《まつばらこうえん》『下瀬火薬考』北隆館、昭和十八年）。『ブリタニカ百科事典』第十一版（一九一一）、つまり日露戦争の六年後に出た版は下瀬火薬に言及し、「特に強力な爆薬」(particularly potent explosive）と言っている。また、『ニューヨーク・タイムズ』やロシアの『ノーヴォエ・ウレミア』も詳しく報じた。

これに対して、ロシア海軍の火薬は旧来の火薬であった。もちろん、それでも十分な殺傷能力はあり、喫水線《きっすいせん》のあたりや船の火薬庫に当たれば沈めることもできる。

だから日本海軍のほうも、実に多くの死傷者が出た。東郷平八郎《とうごうへいはちろう》大将の座乗《ざじょう》した旗艦三笠は実に三十七個の命中弾を受け、百余名の死傷者を出している。のちに連合艦隊司令長官になる山本五十六《やまもといそろく》はこのとき、二十二歳の少尉候補生として装甲巡洋艦日進《にっしん》に乗っていたが、艦橋に命中した敵弾によって（二十センチ主砲の早発との説もある）右腿《みぎもも》の肉を抉《えぐ》り取られ、左手の人差指と中指を失っている。

だが、死傷者こそ出たものの、日本の軍艦は一隻も沈まなかった。なぜなら、揺れる艦上から狙った弾が火薬庫や喫水線のあたりに命中するということは、いかに名人といえども難事であるからである。当日の天候は「天気晴朗ナレドモ波高シ」であったから、揺れも激しかった。

これに対してロシア艦では、日本軍の砲弾が当たるたびに猛烈な爆発と火災が起きた。砲の近くに弾が落ちても、通常の火薬なら死傷者を片づければ砲撃は続行できるが、下瀬火薬によって火災が起きては近寄ることすらできない。たちまち戦闘力が奪われた。少々砲撃の狙いが外れても敵に被害を与えられるのだから、日本軍側は圧倒的に有利であった。

さらに敵の戦闘力がなくなったのを見きわめて撃てるのだから、日本側は落ち着いて撃てる。こうなると日頃の訓練がますますものをいって、次々とバルチック艦隊を沈めることができた。これがパーフェクト・ゲームになった真相である。

さらに付け加えれば、伊集院《いじゆういん》五郎《ごろう》の開発した伊集院信管《しんかん》によって日本の砲弾が「魚雷式」になっていたことを、ロシア側の文献は敗因の一つに挙げている。

また、木村駿吉《きむらしゆんきち》が開発した無線電信機器によって、「敵艦見ユ」の報がいち早く日本の連合艦隊に届いたことは、日本側に決定的な優位を与えた。マルコーニの電信実験が成功したのは一八九五年（明治二十八）末のことであって、海戦において実用に耐えうる電信機器を開発したのは木村が初めてである（木村の名前も、『ブリタニカ』第十一版に出ている）。

明治維新以後、急速に発展した日本の〝科学の力〟が、精強なバルチック艦隊を葬ったと言っても過言ではない。当時、こんなことができる有色人種はどこにもいなかったのである。

下瀬火薬が世界の戦艦を一変させた

ロシア海軍の水兵たちは、下瀬火薬を用いた砲弾を悪魔のように恐れた。

第一に、炸裂威力が圧倒的に高い。この火薬が生み出す爆風の力は、従来型の数倍にも達する。そのため、炸裂した砲弾の欠片《かけら》は猛スピードで飛散することになるから、周囲にいた人間はみな殺傷されてしまうのである。

さらに、この火薬は凄まじい高熱のガスを生み出す。その温度は三〇〇〇℃に上るから、これは一種の焼夷弾《しょういだん》のようなものである。だから、ひとたび下瀬火薬の砲弾が破裂すると、甲板も大砲も熱くなって近寄ることさえできなくなったし、船の塗装は燃え出した。

下瀬火薬のおかげで、日本海軍は相手の抵抗を気にせず戦えた。なぜなら、この火薬の爆風と熱は、人間の活動をことごとく封じてしまうからだ。たとえ船体が無傷であっても、そこで働く人間が殺され、あるいは熱によって動けなくなれば、その艦は死んだも同然である。しかも、熱と爆風によって被害を与えるのだから、多少、狙いが外れてもいい。

実際、バルチック艦隊は日本の砲弾の前にまったく戦闘力を失った。ロシア艦のほとんどが火災を発生させ、僅か三十分で戦闘隊形が崩れてしまったのである。

こうなれば、いかに分厚い装甲を持ったロシア艦であっても、撃沈するのは簡単である。一昼夜にわたって、連合艦隊は逃げるロシア艦を追いかけ回し、結局、艦砲射撃や魚雷によって十九隻を撃沈させ、五隻を拿捕した。

下瀬火薬の前に敗れさったロシア海軍の姿を見て、世界中の海軍関係者は大きなショックを受けた。「装甲による防御」という考えが、下瀬火薬によってまったく否定されてしまったからである。

この日本海海戦以降、世界中の戦艦は一変した。一九〇六年にイギリス海軍が建造したドレッドノート号という戦艦が、その最初の例になった。ドレッドノート号では、それまで舷側に並べられていた副砲を全廃し、厚い鉄板の砲塔に守られた主砲のみを据えつけるようになったのである。

従来の副砲は、いわば剝《む》き出しの状態なので、下瀬火薬のような爆風が来ればたちまち使用不能になる。「ならば、いっそのこと副砲は全廃して、砲塔に守られて安全な主砲だけにしよう」というのが、イギリス海軍の発想であった。

もちろん、副砲を廃止するわけだから、その分、主砲の数は増えている。それまでの戦艦では主砲は前後に一基二門ずつの計四門であったのだが、ドレッドノート号は十二インチ砲十門を備える、化物《ばけもの》のような戦艦になった。

これ以来、世界の海軍は〝大艦巨砲時代〟に突入する。ドレッドノートの出現は、既存の戦艦をすべて旧式艦にしてしまったから、列強は争って「ド級戦艦」あるいは「超ド級戦艦」を建造することになった(ド級とは、ドレッドノート級の略)。その結果、建艦競争があまりにも過熱したため、とうとうワシントン会議(一九二一〜二二)を開いて、列強の間で戦艦保有数を制限しなければならなかったほどであった。

日本海海戦で使われた下瀬火薬とは、戦艦の歴史を変えたほどの大発明だったのである。

世界最強のコサック騎兵と〝急造〟騎兵の戦い

もっとも、海軍のほうはある程度、ドローン・ゲームを予想されていたが、これに対して陸軍は、千に一つも勝ち目がないと世界中から思われていた。ところが、これも勝ってしまったのである。

陸上でも、精強なるロシアの砲兵は下瀬火薬(の改良型とされる)のため、常に日本軍砲兵に優位を与えざるをえなかった。これはロシアの文献も認めている。

だが、世界最強と目されるコサック騎兵の攻撃をも日本軍が退けてしまったことのほうが、もっと大きい。コサックはすべて日本の騎兵に封じられ、索敵行動《さくてきこうどう》も補給線の破壊もできなかった。

騎兵は、いまや閲兵式《えっぺいしき》など儀礼的な場面にしか登場しないから読者にはピンと来ない人もあろうかと思うが、かつて騎兵は「陸軍の華《はな》」と呼ばれたほど、陸戦において重要な存在であった。

何と言っても、騎兵の特徴はその機動力にある。長駆して敵を側面から攻撃したり、あるいは敵の中枢部《ちゅうすうぶ》や補給基地に奇襲攻撃を行う。源義経《みなもとのよしつね》（注１）が一ノ谷の合戦で、平家の本陣を背後から襲った〝鵯越《ひよどりご》えの逆落《さかおと》とし〟は、その典型である。また、敵陣深く入り込んで偵察を行うのも騎兵の任務である。

このように、陸戦において彼らの果たす役割はまことに大きい。騎兵の働き一つで戦況が逆転するということも珍しくない。その騎兵のなかで世界最強と言われていたのが、ロシアのコサック騎兵である。

もともとコサックは、重税や圧政から逃亡した農民の集団であったが、騎馬に巧みであったため、のちにロシアの正規兵となった。ロシアがシベリアを領土とすることができたのも、コサックの力によるところが大きいとされる。

ビスマルク＝モルトケのドイツ帝国ですら、ロシアと戦うのを徹底的に避けたということは前にも述べたが、それはコサック軍団の存在も大きく関係している。仮にロシア軍に対して優勢に戦いを進めえたとしても、神出鬼没《しんしゅつきぼつ》のコサック騎兵が現れてドイツの陣地を攻撃されたら、それで戦局は一変し得《う》るのだ。

このようなコサック騎兵に対して、日本の騎兵はまことに見劣りがすると言わざるをえない。何しろ徳川三百年の間、騎兵を用いる必要がなかったのである。そこで、騎兵の運用ということに関しては、明治になって西洋から大急ぎで学ばざるをえなかった。

それどころか、騎乗する馬すら輸入品である。日本の在来種は西洋の馬より一回りも二回りも小さい。西洋の小型馬ポニーほどの大きさしかなく、スピードも格段に遅いから使い物にならないのだ。

たまたま、私は自著の英訳を出版する機会を与えられて（祥伝社刊『日本そして日本人』が"The Peasant Soul of Japan"として英国マクミラン社より刊行）、その打ち合わせのために英国の出版社の社長とロンドンでお会いすることがあった。

そのとき、「最近こういう本を出版した」と言っていただいたのが、バーミンガム大学のウェストウッドというロシア史の専門家が書いた『日露戦争』という本であった。それほど厚くない本であったので早速、読むことにした。

すると、著者はこの本のなかで、あのコサック騎兵がなぜ日本軍に勝てなかったのか、という点を実に不思議がっているのであった。

もちろん、著者は奉天の大会戦におけるロシア軍の最大の敗因を、日本の騎兵の活躍に帰している。だが客観的状況として、コサック騎兵は技術において日本騎兵に優れ、オーストラリアから買った日本騎兵の馬はコサックの馬より劣っていたのは事実である。

そこで著者は、日本の騎兵はたいてい下馬して戦っているし、騎兵の本質が機動歩兵部隊であることをロシア軍よりよく理解していたと指摘しているのであるが、これだけでは日本の勝利に対する十分な理解とは言えない。今日のロシア史の専門家ですら十分理解できないのだから、日露戦争当時の世界中の人々が日本の勝利に耳を疑ったのも無理のない話であった。

日本陸軍において、ロシアの騎兵を迎え撃つ役割を持たされたのは、同じ日本の騎兵を任されていた秋山好古《あきやまよしふる》将軍だった。秋山はフランスやロシアに行き、本場の騎兵を研究してきたのだが、その結論は「日本騎兵には絶対勝ち目がない」というものであった。

まさに、冷厳なる解答であった。

そもそも日本人は徳川の三百年間、騎兵で戦争をしたという経験がなかったため、日本の馬自体もまったく改良されていなかったのに対し、ヨーロッパの馬は戦争で騎兵に用いるために交配され、改良され続けていたから彼我《ひが》の差はあまりに大きかった。ヨーロッパ人から見れば、日本の馬はロバも同然であったろう。明治維新前後に日本に来た外国人たちは日本の小さい馬を非常に珍しがって、「同じ馬とは思えない、これこそ進化論の重要な材料になる」と言っていたほどである。

そこで、日本は騎兵の導入と同時に慌《あわ》てて馬を輸入し、育成を始めた。また、馬の改良・増産のために競馬までも始めたのだった。今日では競馬はギャンブルとしての色が濃いが、本来は国策として行われていたものである。

このように明治になって始まった騎兵は、日清戦争でこそ勝ちを収めたが、これは相手が相手だから勝ったと言ってよい。勝っても不思議はなかった。だがロシアのコサックは、これとは桁違《けたちが》いな相手である。

（注1）**源義経**（一一五九〜一一八九）平安末期・鎌倉初期の武将。平治《へいじ》の乱で平氏に敗

れた義朝《よしとも》の九男、鎌倉幕府を開いた頼朝《よりとも》の弟。幼名、牛若丸《うしわかまる》。一一八〇年、頼朝の挙兵に応じ、一ノ谷、屋島、壇《だん》ノ浦《うら》の戦いで平家一族を滅ぼした。一ノ谷の合戦で、急な斜面を騎乗のまま駆け降りて攻撃した「鵯越えの逆落とし」は奇襲の代名詞となる。のち頼朝と対立し、奥州《おうしゅう》に逃れるが藤原泰衡《ふじわらのやすひら》に襲われ、奥州藤原氏の居館である衣川館《ころもがわのたち》で自害。悲劇の英雄として伝説的存在となった。

騎兵の常識を覆した秋山将軍

このような状態で世界最強のコサックに対抗せねばならないということになったとき、日本騎兵の創設者、秋山好古が考えたのは、いわば逆転の発想であった。すなわち、「コサック兵が現れたら馬から降りてしまえ」ということである。騎馬ということに関して、日本人がコサックに勝てるわけがない。だから、彼らの姿を見たら直ちに馬から降りて、銃で馬ごと薙《な》ぎ倒してしまおうと彼は考えたのである。

これは、騎兵の存在理由を根本から覆《くつがえ》す発想である。それまでは「騎兵には騎兵」、つまり馬上の決戦こそが騎兵の本分と考えられていた。それを、馬から降りて銃で狙い撃ちをするというのは、騎兵の自己否定と言ってもおかしくない。

むろん、秋山としては苦肉の策であっただろうが、彼は「日本騎兵の生みの親」と言われる人である。そのようなエキスパートでありながら、自分の既得権をすべて擲《なげう》つようなアイデアを思いつくというのは、普通はできないことである。やはり、秋山好古は一種の天才であったと言わざるをえない。

いろいろ検討した結果、ほとんど絶望しかかっていた秋山将軍はそのとき、いわばウルトラCの作戦を思いついたのである。それは当時、ヨーロッパで発明された機関銃であった。

これは革新的アイデアと言っていい。騎兵部隊における機関銃の採用は、海の下瀬火薬に匹敵するほど、陸の戦いで大きな役割を果たしたが、日露戦争当時の機関銃は、ヨーロッパでは実際に誰も戦場で使ったことがないという、いわば未知数の兵器であった。

最初にヨーロッパの戦場で機関銃に似た武器が登場したのはプロシア（ドイツ）とフランスの普仏《ふふつ》戦争（一八七〇～七一）のときで、フランス軍が「ミトライエーズ」という機関砲を使った。これは手動式のものであったが、実際にはほとんど役に立たなかった。

というのは、ミトライエーズ機関砲の情報を知ったドイツ軍の参謀総長モルトケが、「この新兵器が現れたら全ての火砲はこれを集中攻撃し、叩き潰してしまえ」と命じたからである。射程距離の長い大砲で遠くから集中的に攻撃され、ミトライエーズはその実力を発揮する前に、ほとんど狙い撃ちにされてしまったのである。

こうした不幸なデビューであったにもかかわらず、機関銃の開発は進み、一八八七年になって、アメリカの発明家ハイアラム・S・マキシムが自動式の機関銃を発明する（彼はのちにイギリスに帰化し、「サー」の称号を与えられた）。これに続き、アメリカ人の兵器発明家ホチキスがフランスで創設したホチキス社も機関銃を開発した。これはフランス陸海軍に制式採用されるほどの優秀なものであった。また、アメリカのコルト社も開発している。

だが、各国で採用されてはいたものの、機関銃の効果については実のところ、誰も確証を持っていなかった。現実の戦場で機関銃は使われたことがなかったからである。僅かにボーア戦争（一八九九〜一九〇二）で使われたようだが、これは近代陸軍同士の戦いとは言えないから、日露戦争が始まる時点においては、先ほども書いたように未知数の兵器であったのである。

そのような未知数の最新兵器を、躊躇《ためら》うことなく秋山好古は騎兵に持たせた。彼は騎兵研究のためにフランスに留学していたので、機関銃をすでに知っていたものと思われる。実際、日本が導入したホチキス機関銃は、フランス陸軍でも採用されていたものであった。

秋山は、弱体な日本騎兵にこれを持たせ、コサックと戦うときは馬から下りて歩兵の如く戦うより仕方がないと悟ったのだ。

「悪魔的兵器」機関銃の威力

機関銃は当時の感覚からすれば最先端技術であり、まだ珍しいものであった。日露戦争以前に機関銃の威力は十分試されておらず、「悪魔的兵器」と言われながらも、列強の陸軍はまだ本当に信用していなかった。

日露戦争の前半において、日露両軍で機関銃を有効に使っていたのは旅順の要塞《ようさい》に立て籠《こも》っていたロシア軍と、秋山の騎兵だけであった。ちなみに、ロシア軍が持っていた機関銃によって、旅順で乃木軍が多数死んだのは有名な話である。

さて、予想されていたとおり、日本とロシアとの間で開戦となり、秋山の騎兵はコサックと戦うこととなった。

騎兵の使命は、快足を利用しての索敵行動や、敵の戦線を突破し、補給路を分断して兵站《へいたん》基地を潰《つぶ》すことにある。コサックの騎兵は、必ずや広大な満洲の平原に薄く広がった日本軍の戦線を突破しようとしてくるであろう。

事実、コサック騎兵はそのとおりの作戦を敢行してきた。そのとき秋山の採った作戦は、従来の騎兵の常識を覆す破天荒《はてんこう》なものであった。すなわち、コサックと馬に乗って戦っては敗北は免《まぬが》れない。そこで、正面から当たることは止め、騎兵をみな馬から下ろし、機関銃、騎兵銃や騎砲で、向かってくるコサックを薙ぎ倒すというものであった。

騎兵はその役割からいって、隊長が真っ先に突進してくる。そのため、秋山の騎兵によって隊長以下、コサックは次々と倒されていった。機関銃を持った日本の騎兵の前に、コサック騎兵はなす術《すべ》もなかった。何度となくコサックは襲ってきたが、ことごとく機関銃の弾幕《だんまく》の前に退けられた。機関銃を中心とした秋山の騎兵集団（歩兵や砲兵を加えたので秋山支隊と言われた）は、実に無敗の軍隊であった。

その結果、最終決戦となった奉天大会戦の戦場では、とうとうコサックは現れなかった。彼らは、ロシア軍の背後に入って騎兵本来の攪乱《かくらん》活動を行っていた日本の騎兵隊である永沼挺身隊《ながぬまていしんたい》などを探していた。騎兵の突撃が日本軍には有効でないことが、すでに分かっていたらしい。機関銃は、世界最強のコサックの突撃を封じ込めてしまったのである。

歴史から消えた騎兵隊

今日の我々の目から見れば、秋山の作戦は子供でも気づく戦法に思えるであろう。しかし、当時の常識では〝騎兵には騎兵を〟であり、馬上の戦いが勝負を決すると考えられていた。だから、秋山の戦法はまったくの盲点を突くものであった。

この「コロンブスの卵」的な発想がなく、馬から下りて最新兵器の機関銃を使うという作戦が行われていなければ、コサックは伸びきった日本軍の戦線を思うがままに断ち切っていたはずであり、日本軍は総崩れとなっていたであろう。

もちろん、秋山は騎兵本来の機動力をも忘れず、少人数の挺身隊を作り、ロシアの後方を攪乱し、コサックを翻弄《ほんろう》し、大会戦の勝利に貢献している。

また、秋山支隊はコサック相手だけではなく、日本軍の左翼にあって十倍もの敵襲に対し、地面に下りて頑張り抜いた。日露戦争での日本陸軍は綱渡りのような場合が多く、「あの部隊の、あのときの超人的頑張りなかりせば、日本軍は総敗北になったろう」というケースは数多いのであるが、秋山支隊ほどそういう場面が多かった部隊はないであろう（秋山好古の活躍については、司馬遼太郎氏の『坂の上の雲』〈文藝春秋刊〉が印象的に記している）。

一九八六年に日露戦争論を書いたバーミンガム大学のウェストウッドは、本来は劣っていた日本の騎兵は「騎兵とは機動性に富む歩兵なり」と洞察したため、馬から降りて戦い、それに慣れないコサックは敵《かな》わなかったのだとしている。しかし、秋山の機関銃導入のことは知らなかったようである。それは資料として欧米のものだけを利用し、日本の文献に通じていなかったからだと思われる。

ちなみに、この奉天会戦で秋山の部隊は敵の猛攻を受けながらも敵陣深く進むことに成功し、ついにはロシア軍の中心部近くにまで達した。秋山の部隊が出現したことを聞いて敵将クロパトキンは震えあがり、ついにロシア軍に総退却を指令したのである。言ってみれば、秋山の部隊が奉天会戦の勝敗を決定したようなものである。ウェストウッドは秋山好古の名こそ挙げていないが、日本の騎兵が奉天会戦の決定的要因であったと見ている。

日露戦争を見ていた世界中の人々は、まだ秋山の作戦の詳細を知らなかったから、日本軍の勝利はまるで奇跡を見ているかのような印象であったと思われる。戦争が終わり、真実が分かったとき、「陸軍の華」と呼ばれた騎兵は、世界の陸軍から急速に消滅することになった。どんなに機動力があっても、機関銃の連射の前には何の力もないことが誰の目にも明らかになったからである。

そこで、機関銃に負けない機動力を持つものとして、十年後の第一次世界大戦で、欧州の戦場に戦車が登場してくることとなった。アメリカ軍などでは現在でも「騎兵部隊」という名称こそ残しているが、その実態はヘリコプター部隊である。

世界で最も歴史の浅い、したがって最も弱いと思われていた日本騎兵が騎兵の時代を終わらせ、世界の陸軍を変えてしまったのだ。これも歴史のアイロニーと言うべきか。

第8章 世界史を変えた日露戦争

黒木将軍がロシア革命を起こした

世界最大の陸軍国ロシアを相手にして日本が勝利を収めることができた原因として、機関銃のほかにもう一つ加えるとすれば、当時の日本軍の指揮官たちがみな〝叩き上げ〟の人材であったということを言わねばなるまい。

このことは前章でも少し触れたが、日露戦争における陸軍リーダーたちの顔ぶれを見れば、総司令官・大山巌《おおやまいわお》、総参謀長・児玉源太郎《こだまげんたろう》は当然のこと、各軍団の最高指揮官も維新の戦いや西南《せいなん》戦争の経験者揃《ぞろ》いである。彼らは軍事について、正規の学校教育は受けていない。だが、若い頃から実際に鉄砲の弾をくぐってきたわけであるから、「実際の戦争とはどんなものか」ということを身体で知っている。しかも数々の戦闘で生き延びてきているのだから、当然のことながら運もいいし、度胸もある。たとえば、第一軍を率いた黒木為楨《くろきためもと》将軍にこんな逸話がある。

奉天《ほうてん》会戦に先立つ遼陽《りようよう》会戦において、黒木将軍は軍事史上類を見ない一個師団二万人による夜襲を実行する。具体的にはロシアの防衛線となっている遼陽の太子河《たいしが》という川を渡り、戦略拠点である饅頭山《まんじゆうやま》を奪取するという作戦である。

このような作戦を実行することになったのは、物量に優るロシア軍には正攻法では勝てないという判断があったのは言うまでもない。現に、正面からの攻撃を担当している第二軍と第四軍は、ロシア軍の猛攻の前に一歩も進むことができない状態にあった。

とはいえ、黒木将軍が考えた二万人の夜襲計画は、まさに常識破りのものであった。僅か一連隊の兵を太子河の川岸に薄く並べて、あたかも黒木軍がそこにいるように見せかけ、その間に残る兵力を上流の浅瀬から一気に渡河《とか》させようというのだ。

日露戦争は、それまでの人類にとっては最大級の戦争であったから、列国から多数の武官が見学のために随行《ずいこう》していた。この黒木軍には、ドイツ参謀本部から派遣されたホフマンという観戦武官がいた。

二万人の夜襲計画を知ったとき、ホフマンは仰天し、黒木将軍に質問をした。当然ながら、「この作戦は危険すぎるのではないか」ということである。二万人もの兵を渡河させるなら、まず渡河地点に砲火を集中させ、敵を怯《ひる》ませてから兵力を投入すべきではないか、というのがホフマンの意見である。セオリーとしては、ホフマンの意見が正しいであろう。それがナポレオン以来の軍事常識である。

だが、これに対して黒木はこう答えた。

「いや、戦争というのはそういうものじゃない。第一、仮に火砲を集中させたからといって、敵が必ず怯むという保証はどこにもないではないか。しかもこの場合は、ロシア軍のほうが火力は圧倒的に優勢なのだから、なおさらである。

もちろん、渡河したからと言って、ロシア軍もやすやすと陣地を渡さないだろう。だが、私の勘ではこの作戦はうまくいく。まぁ見ていなさい」

この史上空前の奇襲作戦は、見事に成功した。犠牲者は出したものの、黒木軍は饅頭山を完全に手に入れ、これを見たロシア軍は奉天に退却する。維新以来の戦場で鍛えられた黒木の〝勘〟は、正しかったのである。

作戦終了後、ホフマンは黒木将軍の手を取り、「将軍、私はこれほど尊い教訓を受けたことがありません」と感謝したという（これはホフマン自身がドイツで出版した本のなかに書いているエピソードであり、のちに伊藤正徳《いとうまさのり》著『軍閥興亡史《ぐんばつこうぼうし》』に紹介されている）。

のちにホフマンは第一次世界大戦においてドイツ東部軍の作戦班長になるが、ロシアとのタンネンベルグの戦いにおいて黒木の作戦を応用し、大成功を収めた。すなわち、彼は僅かな囮《おとり》を残してドイツ軍主力を側面に移動させ、ロシア軍を一気に撃破したのだ。

このときのロシア軍も、遼陽の戦いのときと同じように圧倒的な戦力を有していたが、この作戦によって総崩れとなり、退却せざるをえなかった。この戦いにおけるロシア軍の被害は戦死者四万、捕虜十二万であったと伝えられる。

ちなみに、タンネンベルグの戦いの完敗によってモスクワの政局が大いに混乱し、それが二月革命に繋《つな》がったのは有名な話である。春秋《しゅんじゅう》の筆法《ひっぽう》を借りれば、「黒木将軍がロシア革命を起こした」ということになる。

乃木「愚将論」は本当か

このように日露戦争において、陸軍の指揮を執《と》っていた司令官たちはみな、実戦で学び、実戦によって鍛えられた人たちばかりであった。大東亜戦争において、教科書どおりの戦法を繰り返して何ら学ぶことのなかった士官学校出のエリート軍人たちとは、大いに違うと言わざるをえない。

それは第三軍を率いた、あの乃木希典《のぎまれすけ》将軍にしても同じである。乃木将軍もまた、すぐれたリーダーの一人であった。

乃木将軍ほど、敗戦後、急速に評判が悪くなった軍人もいないであろう。旅順《りょじゅん》攻略戦において多数の将兵を死なせたということがその原因になっているのは、いまさら言うまでもない。

たしかに、数万の兵士が戦死したにもかかわらず、乃木将軍は二〇三高地（注1）を奪い取ることができなかった。結局、満洲派遣軍総参謀長・児玉源太郎（大将）が来て、第三軍の指揮権を乃木から一時借り受け、二〇三高地攻略を成功させたのは事実である。

しかもこのとき、児玉大将は二〇三高地を一目見るなり、「これは肉弾戦で戦っても仕方がない。二十八センチ榴弾砲《りゅうだんほう》を持ってきて、要塞《ようさい》を叩き潰すしかない」という決断を下した。

この榴弾砲というのは本来、海岸の防禦用《ぼうぎょよう》に使う巨大な大砲である。それを短時間に移動させるという児玉の案に対して、乃木軍にいた留学帰りのエリート参謀長らは、こぞって「そんなことは非常識だ」と反対した。だが、それは見事に効果を上げ、あっという間に二〇三高地は陥落した。

そもそも児玉大将は、若い頃から日本陸軍の逸材として知られた人物であった。西南戦争の直前、熊本で不平士族の反乱が起こり（神風連《じんぷうれん》の乱）、児玉の所属する熊本鎮台《ちんだい》（注2）が襲われたことがあった。このニュースを聞いたとき、陸軍省の幹部たちが電報を打ってまず尋ねたのは、「児玉少佐（当時）ハ無事ナリヤ」ということであったという。このとき、児玉は僅か二十四歳の青年将校である。

これに比べれば、乃木の戦歴は見劣りすると言わざるをえない。西南戦争の田原坂《たばるざか》の戦いでは、軍旗を薩軍に奪われている。軍人として褒められた話でないのは言うまでもない。

だが、だからと言って乃木将軍のことを愚将・凡将の類《たぐい》だと決めつけるのは、やや即断にすぎるであろう。なぜなら、そうした観点に立つかぎり、「なぜあれほどまでに、乃木の率いる第三軍の兵士は勇敢であり続けたのか」ということが永遠に分からなくなるからである。

（注１）**二〇三高地**　中国・遼東半島南端、旅順にある丘陵。日露戦争においてロシア海軍基地である旅順港の争奪をめぐる激戦地となった。
（注２）**鎮台**　明治初期、各地に置かれた常備軍。明治四年（一八七一）に東京・大阪・鎮《ちん》西《ぜい》（小倉《こくら》）・東北（石巻《いしのまき》）の四鎮台が設置され、同六年、東京・仙台・名古屋・大阪・広島・熊本の六鎮台となった。同二十一年（一八八八）、師団と改称。

乃木将軍だからこそ生まれた兵士の旺盛な戦意

旅順攻略戦における死者は約一万五千名、戦傷者は約四万四千名。二〇三高地には、日本人兵士の死体が累々《るいるい》と折り重なっていたわけだが、要塞からの砲弾にいくら倒されても、第三軍兵士の士気は衰えることはなかった。あまりに日本軍兵士の戦意が旺盛《おうせい》なので、守るロシア兵たちは一種の恐怖感を抱いたと伝えられている。

このような第三軍の奮闘は、乃木将軍の存在なくしては理解できない。

当時の日本でそのことを最もよくご存知だったのは、明治天皇ではなかったか。旅順攻略が一向に進展しないため、乃木更迭《こうてつ》の人事案が何度か出されたが、天皇は裁可《さいか》されなかった。親任官である乃木は、天皇の裁可がなければクビにできない。乃木は更迭されないで済んだ。明治天皇は、

「この仕事は乃木でなければできない。誰が行っても、陥《お》ちないものは陥ちないのだ。乃木であればこそ、兵たちも苦しい戦いを戦い抜いているのである」

と周囲の者に洩《も》らされていたと伝えられる。

この「乃木なればこそ」という明治天皇の言葉は、まさに本質を衝《つ》いたものであろう。

乃木将軍のことを調べれば調べるほど感じるのは、「この人の魅力は、実際に会った人間でなければ理解できないのではないか」ということである。そのくらい、乃木将軍という人は、人を惹《ひ》きつける魅力を持った人物であったようだ。俗な言葉を使えば、乃木将軍に会った人たちは例外なく、彼の魅力に〝しびれ〟てしまうのである。

それは日本人兵士ばかりではない。日露戦争に従軍した外国人ジャーナリストも、みな彼の魅力の虜《とりこ》になってしまった。たとえば、アメリカ人のウォッシュバーンという記者は、日露戦争が終わってから『乃木大将』（現在、『乃木大将と日本人』として講談社学術文庫に収録）という本を書いた。この本は非常に冷静な筆致《ひっち》で書かれているものの、著者の乃木将軍に対する思いがひしひしと伝わってくる、すばらしい伝記である。

そのウォッシュバーンが書いていることだが、戦争の最初、乃木将軍は陽に焼けた精《せい》悍《かん》な顔立ちをしていたのだが、戦いが進むにつれ、その肌には刀傷《かたなきず》のような深い深い皺《しわ》が刻み込まれていったという。

これは想像にすぎないが、そのような乃木将軍の顔を見たとき、兵士たちはみな「ああ、我々よりも将軍のほうがずっと苦しんでおられる」と感じたのではないか。

戦場という極限状況では、嘘やハッタリは通用しない。「兵士のことが心配だ」と、いくら口で言っても、それが本心でなければ、下で働いている人はすぐに気付く。乃木将軍が、死んでいく兵士のことを何よりも気にかけていたことは、兵士たちはみな知っていた。だからこそ、「乃木将軍のためなら」と欣然《きんぜん》と突撃することができたのであろう。

日露戦争が始まったとき、乃木将軍がまず考えたのは「この戦争で乃木家が滅んでもかまわない」ということであった。

戦争には、乃木将軍の二人の息子も参加している。出征するとき、将軍は家族に「遺骨が一つ届いたからと言って慌てて葬式を出すな。三つ届いてからにしろ」と言い置いているから、彼はこの戦争で自分はもとより、息子たちも死してもいいと覚悟していたのだ。

だから日露戦争において、乃木将軍はあえて息子たちが最も危険な部署に付くことに反対しなかった。長男の勝典《かつすけ》中尉は南山《なんざん》攻撃戦で斬り込み隊員として壮烈な戦死を遂げた。次男の保典《やすすけ》少尉も、二〇三高地において戦死する。

いまと違って、当時は〝家〟の感覚が濃厚にあった頃である。息子二人が死んでしまったのだから、乃木家はこれで絶えてしまうことになる。家系が断絶するということは、戦前の日本においては非常な大問題である。徴兵の場合も、長男はなるべく避ける方針だった。だから兵役を逃れるために養子となり、長男になる者もあった。

日露戦争が終わって、「ひとり息子と泣いてはすまぬ　二人亡くした方もある」という歌が作られた。これはもちろん乃木将軍のことを詠《よ》んだものであるが、このような歌があちこちで唄われるほど、乃木将軍の息子たちの死は当時の日本人にとってショッキングな話であったわけである。

自分の息子を二人とも危険な戦場に配した乃木将軍の決意は、第三軍の兵士たちに電撃のように伝わったはずである。だからこそ、彼らは敢然として二〇三高地に突撃していったのだ。

さらに乃木将軍、およびその幕僚のために弁明すれば、旅順がどのように近代的要塞になっていたかについて前もって知らされていなかったことが問題だった。攻撃してみて、その要塞群の強固なのに驚かされたのである。その情報を知らなかったのは現地軍の責任ではない。それで地下を掘って爆破するという正攻法をとるようになったのである。

「バルチック艦隊が来るまでに旅順を陥落させよ」というのは至上命令だった。バルチック艦隊が五月末まで来ないことがわかっていたら、無理をする必要はなかったのである。それはすべてあとでわかったことであった。
参考のため、梁香山『飲氷詩話』（上海《シャンハイ》・中華図書館刊行）に引用された、山口町長の作《さく》
間久吉《まひさきち》による「乃木の三典歌」を紹介しておきたい（原文は漢詩）。

阿兄《アケイ》　勝典ハ勇　群ヲ抜キ
阿弟《アテイ》　保典ハ武　文ヲ兼ネ
乃父《ダイフ》　将軍　名ハ希典。
一家ノ三典悉《コトゴト》ク軍ニ従フ。
将軍発スルノ日　遺志ヲ告グ。
武夫《ブフ》ノ命ヲ捨ツルハ尋常ノ事。
一人ノ戦死デ棺《カン》ヲ出ス勿《ナカ》レ。
留メ待チテ一旦《イッタン》両個ノ至ルヲ待テ
果然　南山激戦ノ時
険ヲ冒《オカ》シテ奮闘　長兒ヲ失フ
敵弾無情　旅順ノ役

又為《タメ》ニ乃木ノ一枝ヲ折ル。
報ニ接シテ将軍ノ色《イロ》　動カズ。
将軍痛《イタ》マズ聞ク者痛ム。
棺ヲ守ル夫人ノ感如何《イカン》。
夫人慟《ドウ》ゼズ　国民慟ズ。
君見ズヤ忠臣ノ三楠公《ナンコウ》。
難ニ殉《ジュン》ジ国ニ報ジ闔門空《コウモンムナ》シ。
壮烈　古今相比《アイヒ》スルニ堪《タエ》タリ。
三典身ヲ献ジテ遼東《リョウトウ》ヲ取ル。

（細貝香塘『漢詩作法講話』昭和十三年参照）

「腹を括れるか否か」がリーダーの条件

読者のなかには、このような見方を古くさい精神論のように思う向きもあるかもしれない。だが、テクニックや知識だけでは人間は動かないのである。二〇三高地の戦いにおける乃木将軍の心中は、察するに余りある。

もともと乃木将軍が旅順攻略の任務を与えられたのは、日清戦争のときにも旅順攻略戦を指揮したというのが理由になっている。言ってみれば、「土地勘があるだろう」というぐらいのことである。

だが実際に旅順に着いて、乃木将軍は直ちに「これは日清戦争とは全然違う」ということに気がついた。何しろ、旅順は完全に要塞化しているし、ロシア兵の訓練度や武器はシナ兵とは比較にならない。

しかも彼の幕僚はみな、あまり有能でない人間の集まりである。たしかに士官学校を優秀な成績で卒業し、ヨーロッパに行って最新の軍事学をマスターしているけれども、現場のことはほとんど知らないエリートなのだ。

何しろこのエリートたちは、最前線に足を運ぶことさえしないのである。「自分たちの仕事は作戦を考えることであって、いちいち現場を見ている暇《いとま》はない」という、もっともらしい理由をこしらえて動かないのだ。

エリート参謀たちのため一言弁解しておけば、彼らが留学したのは主としてドイツである。ドイツの軍事は参謀総長モルトケの時代だ。モルトケは作戦の中心を師団の敏速な運用に置き、それまでの要塞の時代を終わらせた人である。攻城の研究をする機会は、あまりなかったのではないだろうか。それに、旅順の要塞化の程度は全く知らされていなかったのであり、総攻撃のあとにそれを知ったのだ。そのあとは、地下に坑道を掘って爆破する正攻法をとっている。

しかしそれでも乃木将軍は、このエリート参謀たちの進言に従わざるをえない。軍隊の組織においては作戦の立案は幕僚が行うことになっていて、司令官はそれを裁可するしかないのである。司令官自身が、作戦そのものに口を挟《はさ》むことは慎《つつし》まなければならない。

旅順においてこのような状態に追い込まれたとき、乃木将軍は「これは息子を殺すしかない」と腹を括《くく》ったのである。旅順攻略において、多くの将兵が死ぬことになるのは目に見えている。そのような戦いにおいて司令官にできることは、まず自らが犠牲になることしかないというのが乃木将軍の決断だった。

私は、すぐれたリーダーの条件は「腹を括れるか否《いな》か」というところにあるのではないかと考えている。学校の成績がどれだけよくても腹を括れないようなリーダーの下では、誰も身を粉にして働こうとは思わない。その点、旅順の要塞を見てまず腹を括った乃木将軍は、やはりすぐれた司令官であった。だからこそ第三軍の兵士たちは、最後まで闘志を失うことなく、戦い続けたのである。

秀才たちの〝犯罪的行為〟

日露戦争を見てつくづく思うのは、「学校出の秀才とは何と困った連中でありうることか」ということである。

学校で習った知識を金科玉条《きんかぎょくじょう》のように振り回して現場の情報を無視・軽視するのは、日本型エリートの通弊《つうへい》と言ってもいいであろう。ことに昭和になってからの日本陸軍は少数の例外を除き、こうした秀才たちの集団と化した観がある。

それはさておき、日露戦争における秀才の弊害を挙げるなら、何を措《お》いても述べなければならないのは陸軍軍医局のことである。彼らがやったことは、いまから見ればまさに〝犯罪的行為〟であった。

日露戦争における陸軍の傷病者中、最も大きな割合を占めたのは脚気《かっけ》患者であった。いまでこそ治療法が確立しているものの、当時、脚気は下手をすると命を失うほどの病気であった。最初は手足が痺《しび》れ、疲れやすくなり、それが進むと歩行も困難になり、視力も衰えてくる。そして最後には突然、胸が苦しくなって、心臓麻痺《しんぞうまひ》を起こして死ぬのである。

陸軍では、このような脚気患者が二十一万人以上も出た。出動総人員が百十万人であるから、五人に一人が脚気になったことになる。また、脚気による死者は二万七千八百人である。これは激戦地二〇三高地の死者を軽く上回る。

これはまさに由々《ゆゆ》しき事態であり、事実、日本陸軍は脚気のため、戦争中、常に人員不足に悩まされた。

奉天会戦のときも、ロシア軍を退却させながら追撃を断念したのは、火力不足もさることながら、兵士の数が足りなかったのが大きな原因である。このときの日本陸軍は手持ちの兵士をすべて出していた状態で、まったく余力がなかった。

もし奉天会戦で十分な人員がいれば、日本陸軍はロシア軍の包囲に成功して、もっと完全な形で勝利を収められたであろう。そうすれば、講和条約もさらに有利な条件で結べたはずで、したがって日本の勢力圏もあの時点で満洲全土に及ぶことになったかもしれない。あるいは、奉天会戦で日本がロシアをさらに追撃できたら、昭和になって満洲事変（注1）のようなことをせずに済んだ可能性も大いにあるのだ。陸軍内における脚気の大量発生は、日本近代史をも大きく動かしたことになる。

日本陸軍で脚気はまさに猖獗《しょうけつ》を極めたわけだが、これに対して、同じ日露戦争でも海軍の脚気患者はほとんどゼロに近かった。軽症者はいくらかあったが、重症者は一人もいなかったのである。これほど歴然とした差が出たのは、ひとえに陸軍兵士の健康を預かる軍医らの責任であることは言うまでもない。

なぜ、このような事態が発生したのか。それについて、ここで少し述べてみようと思う。

（注1）**満洲事変**　昭和六年（一九三一）九月十八日、奉天（現在の瀋陽《しんよう》）郊外の柳条湖《りゅうじょうこ》で満鉄線路の爆破事件（柳条湖事件）を契機として始まった日本軍と国民政府軍（中華民国軍）の武力紛争。日本関東軍は満洲全土を占領し、翌年、「満洲国」建国。昭和八年（一九三三）、塘沽《タンクー》停戦協定が締結された。

脚気を根絶した海軍の大実験

脚気がビタミンB1の欠乏によって起こる病気であることは、現代では誰でも知っている事実であろう。ことに白米ばかりを食べていると、脚気になりやすい。

しかし、ビタミンの存在が知られる以前、脚気は日本や東南アジアの風土病と思われていた。西洋では脚気そのものがほとんど存在しないのである。これはおそらく、西洋人が精白しない小麦を使ったパンや肉を食べるからであろう。ビタミンB1は、肉や小麦の胚芽《はいが》にも含まれている。

しかも脚気は都市に多かったから、流行病と思われていた。かつては、〝江戸煩《わずら》い〟とか〝大坂腫《ば》れ〟とも言われていたようである。もちろん、都会の住民のほうが白米を多く消費するから脚気が起こりやすいだけの話なのだが、当時の人たちが都市の伝染病か風土病の一種と思ったのも無理はない。

さて、明治になって近代軍隊が作られたとき、この脚気が大問題になった。ことに海軍においては深刻で、長期航海において船内に脚気患者が続出すれば、艦そのものが行動不能になる虞《おそ》れがある。

実際、明治十六年（一八八三）にニュージーランドを目指して出航した軍艦龍驤《りゅうじょう》では、二百七十二日の航海中、百六十九人の脚気患者を出し、二十三人が死亡するということがあった。このときの乗組員は総勢三百七十八名であったから、実に半数近くが脚気に冒《おか》されたのである。

このような状態を憂《うれ》えて、何とか脚気の根絶をしなければならないと考えたのが、海軍軍医であった高木兼寛《たかきかねひろ》だった。彼はイギリスに留学し、ロンドンの医学校を抜群の成績で卒業したという実力の持ち主であった。

徹底的な調査の結果、高木は脚気が食事と関係していることを発見する。同じ艦に乗り組んでいても、脚気に罹《かか》るのは下級の兵卒ばかりで、毎日洋食を食べている上級士官で脚気に冒される人はいないことに気が付いたのである。

吉村昭《よしむらあきら》の『白い航跡』(講談社)は、この高木兼寛に関するすぐれた伝記小説である。この作品によって当時の状況を紹介してみよう。

明治初年の頃は、下級兵卒の食事は白米の飯だけが官給で、副食に関しては食費が出て、それぞれの兵が好みのものを食べるシステムになっていたという。のちに多少制度が改められたようだが、副食が自由裁量という点は変わらない。

当時の水兵は貧しい家の出身者が多い。したがって、白米は軍隊に入って初めて食べたという人がほとんどである。そのような状態であるから、配給の飯は食べても副食費は貯蓄に回すのが普通で、おかずと言えば漬け物程度のものしか食べていない。

高木は「なぜ脚気が起きるのか」は分からなかったが、それが食事に関係していることとだけは間違いないと考えた。すでに書いたように、脚気は日本の風土病とされていたが、日本に在住している外国人でこの病気に罹る人はいない。しかも洋食を食べている上級士官も発病しないのだから、情況証拠は揃ったようなものである。

こうした高木のアプローチは、いかにもイギリス的である。イギリスの医学の特徴は、臨床を何よりも重視する点にある。これはイギリス的経験主義の影響があるのかもしれない。

たとえば、種痘《しゅとう》を考え出したジェンナーもイギリス人の医師であった。おそらくジェンナーは、天然痘《てんねんとう》がなぜ発生するかにはあまり興味がなかったであろう。彼にとって重要だったのは、「どうすれば天然痘を防げるか」ということのほうであった。ジェンナーは、「牛痘《ぎゅうとう》に感染した経験のある農婦は天然痘に感染しない」という話を聞いて種痘を考案し、見事に成功するわけだが、このようなアプローチができたのは、彼がイギリス流の医者であったことが大きいと思われる。

イギリスで学んだ高木も、ジェンナーと同じ発想であった。脚気発病のプロセスを解明することよりも、目の前にいる脚気患者をどのようにすれば減らせるのかというほうがずっと大事なのだ。だから、脚気に洋食が効果があることを立証するのでも、彼は実践的な方法を用いた。

すなわち、かつて多数の患者を発生させた軍艦龍驤とまったく同じ航路で、軍艦筑波《つくば》を派遣する。もちろん、この筑波においては食事は副食も含めてすべて給食とし、しかも良質のものを出すということにした。軍艦一隻を使った比較対照試験というのは、日本の医学史上に類を見ない試みであろう。このような大規模実験を海軍首脳が了承したのは、脚気の害がそれほど深刻であったからにほかならない。

この実験は、見事な成功となった。筑波の乗組員で脚気を発病した者は、僅か十五名しかいなかった。しかもこの患者の多くが、与えられた給食をちゃんと食べていなかったことも分かった。

この高木の実験で、日本海軍は全軍を挙げて食事の改良に乗り出す。予算や兵士の反発など問題は数々あったが、米食中心の食事を止めることにして、米・麦併用ということになった。この結果、海軍での脚気発生率は激減し、日清・日露戦争でも脚気の患者は皆無に近かった。

将兵を見殺しにしたエリート「鷗外」森林太郎

ところが、これに対して陸軍首脳は、海軍の食事改良運動にまったく関心を示さなかったばかりか、それに反対する側に回った。

「兵士は白米を食べることを楽しみにしているのだから、麦飯など食わせたら士気が落ちる」という理由もあったようだが、反対派の急先鋒《きゅうせんぽう》は何といっても、陸軍軍医局の医者たちであった。彼らは、徹底して高木の食事改善を否定した。

陸軍軍医局の医者の多くは東大医学部出身であったが、この東大医学部は当時、「ドイツ医学こそが世界最高」と信じて疑わなかった。エリートの彼らにしてみれば、「高木ごときに何が分かる」という気持ちがあったのだ。

たしかに、当時のドイツは世界の医学をリードしていた。ことにすぐれていたのは細菌学の分野である。ベルリン大学のコッホを頂点とするドイツ細菌学は、結核菌、コレラ菌、ジフテリア菌などを次々に発見して、医学に革命を起こしていた。

細菌学を見ても分かるように、ドイツ医学の特徴は徹底した病理中心主義にある。つまり、病気の原因を突き止め、次にその対策を考えるというアプローチである。したがってドイツ医学は、臨床よりも基礎研究を重視する傾向がある。方法論が、帰納的《きのうてき》というよりむしろ演繹的《えんえきてき》な感じがする。

このようなドイツ医学を信奉する陸軍や東大医学部の医者たちにしてみれば、原因の追究を二の次にした高木の脚気退治策はまったくのナンセンスということになる。しかも前述したとおり、当時、脚気も伝染病の一種と考えられていたから、「細菌で起きる病気を食事で防げるわけがない」と彼らは主張した。つまり、「脚気菌がまだ見つからないのに根本的な治療法などあるわけがない」という発想だったのである。

こうした否定派のなかで〝高木潰し〟の急先鋒の一人となったのが、あの森林太郎《もりりんたろう》、つまり森鷗外《おうがい》であったということを、とくに強調しておきたい。彼は東大医学部を卒業後、軍医になり、以後一貫してエリート・コースを歩んだ人物である。

森林太郎はドイツ留学中にコッホの研究所で学んだ人であるから、「脚気病菌説」を信じて疑わなかった。彼は、高木の業績を否定するために学会で論文を発表し、「栄養学的に見て、日本食も洋食もまったく同じである。洋食をすれば脚気が防げるなどということは迷信・俗説にすぎない」と断定した。

それだけならまだしも、森ら軍医たちは、陸軍における食事改良の試みを徹底して妨害した。

陸軍にしても脚気の被害は甚大《じんだい》でその予防は急務であったから、当然のことながら、海軍の食事改良運動に興味を持った。実際、現場の指揮官や軍医のなかには、独自に麦飯を導入しようとした人もいた。ところが頑迷固陋《がんめいころう》にも、こうした試みを軍医局は妨害し、あくまで白米主義を押し通したのである。

その結果、日清戦争では四千人近くの兵士が脚気で死んだ。ところが、これを見ても彼らは自説を曲げることはなく、そのまま日露戦争に突入することになるのである。日露戦争で脚気患者が大量発生し、その結果、陸軍の作戦に支障を来《きた》したことはすでに述べたとおりである。

それればかりか、前述の吉村昭の著書によれば、日露戦争後も森林太郎は米食至上主義をまったく反省せず、陸軍兵士に白米を与え続けたという。

こうした森ら陸軍軍医局のやった行為は、一種の犯罪と言ってもいいであろう。

単に学問上の論争であるなら、森が高木の食事改良運動を批判しても、それは別に構わない。だが、現場で米と麦を併用するのまで妨害するというのは、単に面子《メンツ》にこだわっているだけのことである。すなわち、東大医学部とかドイツ留学という金看板を守りたいという縄張り根性にすぎない。

乃木将軍の幕僚たちは、「自分たちの本分は作戦立案である」として、二〇三高地で死んでいく将兵たちの姿を見なかったという。それと同様に、森たち陸軍の軍医は、脚気で死んでいく将兵たちを見殺しにして恥じることはなかった。

文学者・森鷗外の業績については、ここではあえて触れない。だが、陸軍軍医としての森林太郎が国賊的な〝エリート医学者〟であったということは、指摘しておく必要があるだろう。

二十世紀最大の事件

最後にもう一度繰り返すが、日露戦争は指揮官が立派で兵隊が勇敢だったということだけで勝てたのではない。海上では下瀬火薬が、陸上では秋山将軍の機関銃の導入などが、いずれも当時の欧米の軍事水準を超えていたからこそ、最強の軍隊に勝てたのである。何しろロシア軍は近世になってから、本当の敗北を知らないという常勝軍だった。ナポレオンにすら勝ち、また北アジア全域を支配して朝鮮にまで進出していたのだ。

そして、日露戦争は単に日本がロシアに勝ったというだけの戦争ではなかった。この戦争の結果は、実に絶大なる影響を世界中に及ぼしたのである。

それは、有色人種の国家が最強の白人国家を倒した――事実、日露戦争の敗北から十二年後、ロシア王朝は革命によって倒れた。これも、日本に負けなかったら事情は変わっていたであろう――という事実であり、世界史の大きな流れからすれば、コロンブス以来の歴史的大事件であった。

コロンブスの新大陸の発見が、世界史上の大事件であったことを認めない人はいないであろう。それ以前の世界史では、それぞれの地域で起きた事件が別の地域に影響を与えるということはほとんどなかった。アレキサンダー大王が現れてもアメリカ大陸には関係がないし、また、漢《かん》の武帝《ぶてい》の即位がアフリカに影響を及ぼすということはなかった。ところがコロンブス以後、世界中は一つになった。ヨーロッパで起きた事件でアジアが動くという時代が始まったのである。

そして、この歴史の分水嶺《ぶんすいれい》以降の四百年間に世界史で何が起きたかといえば、白人が有色人種の土地にやってきては植民地にしたという事実に尽きるのである。

これに比べれば、その他の事件、たとえばアメリカの独立戦争（一七七五～八三）にしたところで小さな出来事に過ぎない。アメリカが独立しようと、イギリスという国の植民地になろうと、あくまで白人同士の内訌《ないこう》であって、世界史全体からすればどちらに転んでもいい話である。インディアンたちにとって、アメリカ大陸の支配者がイギリス人であろうとフランス人であろうと、オランダ人であろうと誰であろうと、白人であるかぎり状況は変わらない。白人の植民地支配ということが本質的に大きな問題だったのである。

あるいはフランス革命にしたところで、それは白人内部の問題であって、インド人にもシナ人にも、ほとんど影響を与えなかった。また、英仏間の戦争にしろ、当事者には大戦争であっても、世界史の流れから見ればどうということはない。インドやカナダが、イギリス領になるかフランス領になるかの違いにすぎないのである。

日露戦争がなかったら、あるいは日露戦争に日本が負けていたならば、この白人優位の世界史の流れはずっと変わらず、二十一世紀の今日でも、世界中は植民地と人種差別に満ちていたであろうということには毫毛《ごうもう》の疑いもない。

ところが、日露戦争で日本が勝ったために、コロンブス以来、四百年ぶりに、世界の歴史の大きな流れが変わったのである。つまり、有色人種が白人の言いなりになり続けるという時代に終止符が打たれた。それを日本が満天下《まんてんか》に示したのであった。

そして時間が経てば経つほど、誰の目にも日露戦争の世界史的意味は大きくなってくるのである。再び繰り返すが、ここ五百年間の世界史の事件で、コロンブスの新大陸発見に匹敵する大事件は、日露戦争における日本の勝利である。

しかし戦後の日本の教育において、日露戦争の世界史的な意義が語られることはなくなったようである。二十世紀の終わり頃に産経新聞社がアンケートを行い、「二十世紀の世界の十大事件」を世界の名士たちに尋ねた。日本人としては、湾岸戦争（一九九一＝平成三年）時に国連難民高等弁務官として活躍した緒方貞子《おがたさだこ》さんが答えていたが、緒方さんは日露戦争を二十世紀の十大事件のなかに挙げていなかった。

緒方さんの功績には常に敬服していたが、世界における二十世紀の大事件と言われて日露戦争が頭に浮かばなかったというのは、明らかに戦後の日本の教育の欠陥か、あるいはアメリカ主導の教育のせいか、どちらかであろうと思った。しかし、日露戦争を行った日本人の先祖の苦労や犠牲を思うと、敗戦国の悲哀をつくづく感じたことであった。

日本を見て有色人種が目覚めた

この日露戦争の勝利は、世界中の有色人種の人々が頭のなかに持っていた白人に対するイメージを根こそぎ変えてしまった。

前にも述べたが、イメージの力ほど民族の運命を根底から変えてしまうものはない。

いくら高邁《こうまい》な理想や理念を唱えたところで、人間の意識はそう簡単に変わるものではない。だが、目の前で一回実演して見せるだけで、人間の先入観というものは簡単に吹き飛んでしまうものである。

この場合も、そういったことがあちこちで起きた。それまでは、白人はすぐれた科学的知識と文明の利器を持っているから抵抗しても無駄である、と誰しもが思っていた。だから、最初の頃は白人に抵抗した人種もあったがみな圧服され、殺戮《さつりく》されて、二十世紀になると白人に反抗しよう、白人から独立しようなどと考えることさえしなくなっていたのである。

ところが、日本が強国ロシアを相手に勝ってしまったのを見て、ほかの有色人種の民族も、ひょっとしたら自分たちにもできるかもしれないと思うようになった。そして、実際にそういう動きがあちこちで始まった。

たとえば、インドでもガンジー（注1）やネルー（注2）によって民族運動が始まった。インドは古い文明を持っているが、イギリスのような機械や武器や軍艦を自分たちが造れるとは思わず、白人のみができることだと思い込み、諦めてイギリスの植民地になっていたのである。

シナなども、日露戦争の勝利が自国の領土内で行われたのを見て、すぐに反応を示した。あの頑迷固陋《がんめいころう》な清《しん》朝政府までが教育プログラムを日本式に改善し、さらに約一千三百年前の隋《ずい》朝を起源とする科挙《かきょ》の制度を廃止するに至った。

科挙とは言うまでもなく、高級官僚の登用試験であり、合格の難しさたるや、現代日本の国家公務員試験の比ではない。それに合格するために、シナの知識階級はそれこそ人生を賭けて勉強していた。「科挙こそシナ文明の大黒柱」と言えるほど重要な制度であった。

だが、科挙の試験科目は「四書五経《ししょごきょう》」といわれる儒教の経典が中心であり、数学や自然科学の知識を軽視していた。このため、日本のように近代化するうえでは大きな支障があった。清朝は科挙を廃止して西洋の文化を奨励しようとしたが、シナ国内には近代的学校もなく、先生もおらず、自前で教育することはできなかった。

そこで、日露戦争の頃に日本の制度を参考にして学校制度を改めるとともに科挙を廃止し、それに部分的に代わるものとして、日本への留学を行うようになった。すなわち、日本留学を経て帰国したものに対して試験を行い、日本での在学年数と留学先の学校の程度を考慮して、進士《しんし》とか挙人《きょじん》（いずれも科挙の合格者に与えられる資格）に相当する者にしたのである。

日本に送られた留学生の多くは、〝百年書香《ひゃくねんしょこう》の家〟（何代にもわたって知識人を出した家系）と呼ばれる上流階級の出身であって、しかもとびきりの秀才たちであった。このような選りすぐりの人たちが、日露戦争後に日本に留学したのである。日本留学は知識人の間でブームになり、東京には一時、数万人に及ぶシナ人留学生がいたとされる。孫文《そんぶん》や蔣介石《しょうかいせき》をはじめ、シナの近代化運動や改革運動に参加した初期の活動家で日本に来なかった人はむしろ稀《まれ》であるというのは、このような事情から生じたものである。

この秀才たちは、日本に来て初めて自分の目で、有色人種でも近代国家を作れるという事実を見、自国の近代化運動に没頭するようになった。もし日本がロシアに勝たなかったら、もし彼らが当時の日本を自分の目で見なかったら、近代化運動がいつ起こったか分からない。いまもって清朝あるいは別の王朝のもとで、旧態依然とした社会が続いていた可能性も大いに考えられるのである。

第二次世界大戦後になっても、中国では外来漢語の辞典というものが出版されている。外来漢語とは、明治の日本人が西洋の書物を訳したときに創案した専門用語のことを指す。たとえば、「宣言」という政治用語も、「哲学」や「科学」という学問用語も、また「開化」のような一般的な言葉も全て日本人が考えだした単語で、中国人の言う「外来漢語」に当たる。

このような和製漢語だけで一冊の辞書が作られるという事実は、現代の中国における西洋由来の学問が、そのスタートにおいてほとんどを日本から学んだという事実を示している。「共産主義」でも「資本主義」でも「帝国主義」でも、みな日本人が訳した訳語を通じて彼らの頭に入っているのは紛《まぎ》れもない事実である。

（注１）**マハトマ・ガンジー**（一八六九〜一九四八）　モハンダス・カラムチャンド・ガンディー。マハトマ（偉大な魂）の名で呼ばれたインド独立運動の父。ロンドン留学から帰国後、国民会議派を率いて非暴力主義の立場から無抵抗・不服従による反イギリス独立運動を展開した。一九四七年のインド独立後はヒンズー・イスラム両教徒の融和に努力したが、狂信的なヒンズー教徒により暗殺された。

（注２）**ジャワハルラール・ネルー**（一八八九〜一九六四）　インド独立時の初代首相。ガンジーとともにインド独立運動に参加し、国民会議派を指導した。アジア・アフリカ会議の中心的指導者でもあった。

中国に残る日本留学の遺伝子

日露戦争のショックによって「科挙」が廃止され、シナの近代化は日本への留学から始まったという事実は、どうも現代の中国人の癇《かん》に触るものらしく、戦後の中国、そして日本においても、あまり触れられない話のようである。

宮崎市定《みやざきいちさだ》博士の『科挙』(昭和二十一年、秋田屋刊)は見事な名著であり、同書には科挙の消えた状況も詳しく触れられている。だが、その後の同博士の科挙に関する著書(中央公論社刊『科挙・中国の試験地獄』昭和三十八年)においては、科挙廃止をめぐる状況、とくに日本の果たした役割が削られてしまい、「科挙」の始めがあって終わりのない本になってしまった。当時の日本の出版界にかけられた圧力の一例である。幸い、同書の東洋文庫版(『科挙史』平凡社、昭和六十二年)は旧著の内容に戻されている。

ついでながら言っておけば、戦後の東京裁判以後のシナや朝鮮に関する書物は、大学者の書物といえどもこういうことがあるので注意されたい。さすがに学者は嘘は書いていないし、嘘と知って嘘を書くことは日本の学者にはまずないと言ってもよい。しかし、重要なことが書かれていない、あるいは出版社が削るということはありえるため、注意が必要である（前出の岩波文庫版『紫禁城《しきんじょう》の黄昏《たそがれ》』についての記述を参照されたい）。

以上は日本での話だが、現代の中国の人たちも、日本留学のことについてはあまり語ることはない。だが、その記憶が決してなくなったわけではないということを、個人的に経験したことがある。

ある新聞社が主催した、留学生に与える論文コンクールの審査員をしていたときのことだ。私は応募論文のなかでしばしば、「自分の先祖も日本に留学したから私も留学を希望した」という内容の文章に出会ったのである。

なかでも、非常に心を打たれた論文の一つは、東京の国立大学の大学院に留学している女性の文章であった。

彼女の家は代々、学問の家だったのだが、そのため文化大革命（注１）のときに、インテリの反革命分子として手酷《てひど》くやられ、彼女の父も母も犠牲者になった。そのさなか、母が彼女に「あなたは、どんなことがあっても日本に行って勉強するのですよ」と言った。これが母親の最期の言葉であったと彼女は書いていた。

ちなみに、文化大革命とは聞こえはいいが、実態は指導力を失った毛沢東《もうたくとう》が自分の復権のために始めた単なる権力闘争で、その大義名分に「文化」と「革命」という言葉が使われたにすぎない。実際に行われたのは猛烈な反近代化キャンペーンで、一切の学問を敵視したから、虐殺やリンチが日常的に行われたのである。

さて、彼女のような話が生まれる根底には、科挙の廃止後にシナの秀才たちが日本に留学したという記憶が、自分の先祖が留学していてもいなくても、彼らの頭の底のどこかに残っているためではないかと考えられるのである。それはちょうど、今日の日本人にとって、昔と違って今ではイギリスから学ぶものは英語以外それほどないにもかかわらず、イギリス留学が何か立派なことのように思われるのと一脈通じるものがあるように思われる。

かくして、日露戦争によってコロンブス以来の歴史の流れは別のほうへ変わり始めた。この流れがそのまま続けば、日本も、おそらく世界もそれなりに幸せであったであろう。ヨーロッパ諸国はロシアに勝った日本を見て、日本を征服したり、日本と戦ったりしようという発想は消え、この東洋の島国と共存する方向に向いていったことは明らかである。

ヨーロッパを代表するイギリスは、〝光栄ある孤立〟という従来の外交方針を捨て、すでに明治三十五年(一九〇二)に日英同盟を結んでいたが、日露戦争後はさらに強化された。日本もまたその同盟の恩恵を大いに受けていた。「すべて世はこともなし」と進むかに見えた。

ところが、白人優位主義に本質的な危機を感じ、日本を放置してはおけないと決心し、そして日本を潰すことによって歴史の流れを昔に戻そうと腹を括った国があった。それがアメリカであり、このことがやがて日米開戦に繋がることを覚えておいてほしい。

（注１）**文化大革命**（一九六六〜七六年）　中華人民共和国において、毛沢東自らが主導し、軍隊や青少年組織である紅衛兵《こうえいへい》を動員して行った政治権力闘争。すべての既成の価値を変革するという名目で、劉少奇《りゅうしょうき》をはじめとする党・政府の幹部や多くの学者、知識人たちを「資本主義の道を歩む者」として投獄・殺害した。毛沢東の死後の七七年にいたって、ようやく終結が宣言された。

第9章　日韓併合の実情

〝僻地〟台湾の繁栄は日本統治に始まる

さて、日露戦争の勝利によって、ようやく日本はロシアの朝鮮半島南下を退《しりぞ》けることができた。明治維新以来、日本にとって最大の懸案《けんあん》であった朝鮮半島の自立と近代化が、これで進展することになったのである。

ところが、それが一転して日韓併合《にっかんへいごう》という事態になったのは、日本人にとってもコリア人にとっても予想外の展開であった。

当初、日本の政府は大韓帝国を併合する気などなかった。というのも、そもそも日本には、ヨーロッパ列強のような植民地経営をする状況ではないという認識があったからである。

もちろん日清戦争において、日本は台湾を清《しん》国から譲渡されて統治していたわけだが、台湾とコリアとではまったく事情が違う。なぜなら、当時の台湾はいわゆる〝瘴癘《しょうれい》（伝染性の熱病）の僻地《へきち》〟であって、統一民族としての歴史もなく、住民も少ない。そもそも清国が日本に譲渡する気になったのも、台湾という島に対して所有権を感じるところがなかったからである。

台湾を日本に割譲《かつじょう》した清国の李鴻章《りこうしょう》（注1）も、「日本はとんでもないガラクタを背負い込んだことに気づくだろう」と言っている。『ロンドン・タイムズ』も、「台湾は方々《ほうぼう》からの犯罪者《アウトロー》の逃げ場所であり、風土病も酷く、オランダやフランスなども植民地にしようとすればできたのにしなかった島である」という主旨の記事を書いている。

台湾はこうした事情があったので、統治するに当たっては、国際的に問題の発生しない場所であった。実際、日本は台湾に対して、理想的といえるほどの統治をしたと言ってもいいであろう。

現在の台湾の繁栄があるのも、元を質《ただ》せば日本がこの島を統治したからである。台湾に対して、戦前の日本が積極的な公共投資を行い、近代的教育を普及させ、産業を興《おこ》し、インフラを整備しなかったら、戦後の台湾の繁栄はもっと遅れていたであろうということは、台湾人の学者でも認める事実である。例の『ロンドン・タイムズ』も、「日本は台湾のために惜しみなく金を注《つ》ぎ込み、住みよい島にしたので、日本の統治以来、十年間に六十万人の人口増加があった」と指摘している。台湾に行った日本人たちも、この地を本当に日本と同じ水準に高めようという使命感を持っていた。

これに対し、ヨーロッパの植民地帝国で、その植民地を自国と同じ生活水準、文化水準に高めようと努力した例は皆無《かいむ》である。

戦前、すでに台湾人のなかから貴族院議員も出ていた。インド人やビルマ人から、イギリスの上院議員が出たという話は聞いたことがない。アメリカが、原住民のインディアンの酋長《しゅうちょう》を州知事や上院議員にする配慮を示したことはない。そして日本は金のかかる帝国大学を、名古屋より前に台北《たいほく》に建てた。

十数年ほど前、PHP研究所が『Attitude to the Law』という題名の英文雑誌を発行していたが、そのなかにアメリカのマーティン・ロスというジャーナリストが台湾に行って、日本統治時代のことを調べた記事が載ったことがある（"Taiwan looks to Japan for the good life"）。

どうもこのジャーナリストは当初、日本人が台湾人に対してどのような悪辣《あくらつ》な植民地統治を行ったかを暴《あば》くつもりであったようである。ところが、実際に台湾で当時のことを知る人たちにインタビューしてみると、みんな「日本人がいた頃はよかった」と口を揃えて答えるのだ。「いまでは夜になれば鍵を締めて寝るけれども、戦前はドアを開けて寝ていても大丈夫だった」というような話しか出ない。それで結局、この米人記者は当初の目論見《もくろみ》とは反対の「日本時代はよかった」という記事を作ったということであったが、その当時においても台湾では日本統治を恨《うら》むような声がなかったのだ。

（注1）**李鴻章**（一八二三〜一九〇一）　清朝末期の宰相・軍人。太平天国の乱（一八五〇）の際、義勇軍（淮《わい》軍。のち北洋軍）を組織して鎮圧に功績をあげ、以後、外交官として活躍し、洋務（西欧近代文明の導入）運動を推進。日清戦争では北洋艦隊を率いて日本の連合艦隊と戦い、下関条約では全権大臣として対日交渉にあたった。

韓国併合による日本の負担

これに対して、朝鮮半島を併合あるいは植民地統治するということは、日本にとっては大変荷の重いことであった。たとえば防衛に関しても、もし日本が朝鮮半島を防備するとなれば、負担は大変なものになる。日露戦争で退いたとはいえ、ロシアはまだ北満洲に兵を置いているのだ。軍事的圧力がなくなったわけではない。

実際、日本が韓国を併合したあとに真っ先に出てきた問題は、朝鮮半島の防衛であった。

朝鮮半島が日本の領土である以上、ここには日本軍を置かねばならない。そこで大正元年(一九一二)、陸軍は朝鮮駐留のために二個師団の増設を要求した。しかし、ロシアとの戦争を終えたばかりの日本には、新たに二個師団を作るような経済的ゆとりはどこにもない。当時の西園寺《さいおんじ》(公望《きんもち》)内閣は、この提案に断固として反対するのだが、陸軍側も譲らず、師団増設問題は大きな政治問題になった。

この間の事情については、第6巻『昭和篇』に譲るが、大正初期、西園寺公望、桂太郎《かつらたろう》、山本権兵衛《やまもとごんのひょうえ》という形で首相が次々と交代したのは、朝鮮防衛のための軍事費が発端《ほったん》になっているのである(結局、二個師団増設は大正三年になって実現した)。

このように軍事面だけ考えても、韓国の併合は重い負担である。これに加えて、工業を興し、インフラを整備するということになれば大変なことになる。イギリスのインド経営は現地に財源を持っていたらしいが、とくに産業もない朝鮮半島では望みようもない。そこで、日露戦争以後の日本の方針としては、韓国が近代化して富強になるまでは日本が外交権を預かればよいとした。すなわち、韓国を日本の保護国にするということである。

ここで一言断っておきたいが、ある国が他の国を保護国にするということは、当時もいまも普通に行われていることである。

たとえば、モナコはナポレオン戦争に決着を付けたウィーン条約（一八一五年）でサルジニア王国（注1）の保護領になり、その後、一八六〇年にはフランスの保護領となった。その翌年、モナコは独立を認められたのだが、第一次世界大戦終結の三カ月ほど前に、「モナコ大公の血統が絶えたら、自動的にフランスの保護下の自治領になる」という取り決めが交わされた。第二次世界大戦後も、フランスはモナコ公国の外交権を預かっている。司法制度もフランスと同じで、高等裁判所の裁判は、パリのフランス人判事が行うことになっている。

モナコはフランス領内のような国であるから、フランスにしてみれば、モナコが自主外交してフランスの国益を損《そこ》なうようなことをしてもらっては困る。それをモナコも了承して、この二国の間に一種の保護条約が結ばれたわけである。

それと同様のことが日本と韓国の間にも取り決められたわけで、何も日本が特に過酷なことを押しつけたわけではない。また、この取り決めに対して、世界各国も了解した。とはいっても、読者のなかには「いや、そもそも韓国のことなど放っておけばいいではないか」という意見もあるかもしれない。だが、それは戦後の平和な状況に慣れた人の誤解なのである。

（注1）**サルジニア王国**　イタリアの前身となった王国。サルデーニャ王国とも表記される。一七二〇年成立。イタリア統一運動の中心となり、フランスの支援を受けるため一八六〇年、サヴォイアとニースを割譲、翌年、イタリア王国が成立した。第二次世界大戦後の一九四六年、国民投票により共和制に移行、イタリア共和国となる。

マッカーサーが初めて知ったコリアの意味

日本にとっては朝鮮半島の安定こそが生命線であり、この半島に日本に敵対する勢力が下りてくれば、それはすなわち「日本の危機」を意味するのだ。日清戦争も日露戦争もまさに、このために起こったのである。

マッカーサーは朝鮮戦争を体験して、このことを骨身に染みるほど味わった人間である。

昭和二十五年（一九五〇）六月二十五日未明、三八度線を越えた北朝鮮軍は、アメリカ軍に対して圧倒的な勢いを示した。それはソ連および共産主義中国の援助があったせいである。

この結果、アメリカ軍は半島南端の釜山《ふざん》まで追い詰められるということになったが、それでもマッカーサーは仁川《じんせん》上陸作戦を決行し、ソウルを奪還し、とうとう半島の付け根の鴨緑江《おうりよくこう》まで共産軍を追い返すところまで持ち込んだ。

しかし、ここまでやっても朝鮮戦争は終わらない。なぜなら、共産軍の勢力は依然として大陸にあり、しかも彼らはソ連や中国内陸部から大量の人員と兵器をいくらでも補充できたからである。

そこで、マッカーサーはトルーマン大統領に「かつての満洲を空襲して、敵の本拠地を完全に粉砕せねばならない。また東シナ海の港湾を封鎖し、場合によっては原爆も投下せねばならない」と進言するのである。

だが、彼の意見はトルーマンの反対に遭《あ》い、マッカーサー自身も解任されることになった。その結果、共産軍の反撃によってアメリカ軍は再び押し戻され、とうとう三八度線で休戦ということになったのはご存知のとおりである。

それはさておき、朝鮮戦争を体験することで、マッカーサーは戦前の日本がやったことの意味が痛いほど分かったのである。

北から強大な勢力が朝鮮半島に下りてきた時、日本を守ろうと思えば朝鮮半島を守らねばならない。そして、もし朝鮮半島から敵の勢力を完全に追い払おうと思えば、これは満洲にまで出ていくしかない――日本にとって朝鮮半島がいかに重要な土地なのかを、マッカーサーは朝鮮戦争を通じて理解したのである。

一九五一年五月三日、アメリカ上院の軍事外交委員会でマッカーサーは証言を行うのだが、そのとき彼は「この前の戦争に日本が突入したのは、主として自衛のためだったのだ」と言っている。一方的な東京裁判を行わせた人物が一転してこのような発言をするようになったのは、やはり近代日本にとってのコリアの意味が朝鮮戦争によって理解されたからであろう。

伊藤博文暗殺に震え上がった韓国

話を戻そう。

明治三十七年（一九〇四）、日韓新条約（一種の日韓保護条約）が日露戦争勃発（二月十日宣戦布告）の約半年後の八月二十二日に調印され、さらに日露戦争終結後に、協約によって韓国は日本の保護国ということになった。そして、初代の韓国統監《とうかん》として赴任したのが元老《げんろう》・伊藤博文《いとうひろぶみ》であった。

伊藤博文は、韓国の植民地化に絶対反対という考えを持った人であった。日露戦争後の対韓国政策は、この人の意見によるところが大きいであろう。

一例を挙げれば、植民地政策の専門家であった新渡戸稲造《にとべいなぞう》が、伊藤博文に韓国を植民地にした場合のプランを述べようとしたところ、伊藤は「植民地にしない」と言って、韓国人による韓国統治の必要性をこんこんと説いたという。これは、新渡戸本人が著書のなかで書いている話であるから、間違いない事実であろう（新渡戸『偉人群像』昭和六年）。ちなみに新渡戸は教育者として知られているが、本当の専攻は農業経済学で、台湾での農業育成に功績を残している人である。

ところが、このような韓国の独立論者を、韓国人自身が暗殺してしまったのである。明治四十二年（一九〇九）、満洲のハルビン駅において、伊藤は韓国人、安重根《あんじゆうこん》によって暗殺された。この時、伊藤は四カ月以上も前に統監を辞めていた。

安重根は、最初は事業をやっていたが失敗し、その後、過激な反日団体に加わるようになったのであるという。武士気質の人の多かった当時の日本人のなかには、安重根を「志士」として尊敬する人も少なくなかった。亡国の忠臣が敵の王の暗殺を企てることを、元代《げんだい》の歴史読み物『十八史略』などで美談として読んで育った人たちが多くいたのである。しかし、このテロは両国にとって不幸であった。

これは、まさに韓国にとっては自殺行為であったとしか言いようがない。言ってみれば、敗戦後の日本において、皇室を守るという理由で日本人がマッカーサー元帥《げんすい》を暗殺するようなものである。

マッカーサー元帥は、日本の皇室を廃止する方針に傾いていたアメリカ政府に対して、断固として「昭和天皇を戦犯にしてはならない」と主張した人である。そのような人を殺してしまったら、アメリカの政府も世論も「やはり、日本の天皇を極東軍事裁判に引き出して戦争犯罪人にせねばならない」と考え、それを実行していた可能性が高い。また、日本そのものもアメリカの委任統治領になっていたであろう。

友好的にやろうと思っていたのをテロでお返しされたら、態度が変わるのも当然である。それと同じようなことが韓国で起こったのである。

日本の世論が伊藤暗殺に激怒したのは言うまでもないが、韓国のほうでも「大変なことをしてくれた」と震《ふる》え上がった。何しろ超大国ロシアと血戦を繰り広げ、海に陸に勝利を収めた日本の、それも最も有力な政治家を暗殺してしまったのだ。どんな報復があってもおかしくないところである。

日韓併合の議論は、このような状況から生まれてきた。伊藤の暗殺を受けて、日本の対韓政策は大幅に変更になった。また、韓国の側からも日韓併合の提案が起こった。しかも、それは韓国政府からだけではない。民間からの提案もあったのだ。伊藤博文の暗殺から二カ月後の明治四十二年（一九〇九）十二月に、韓国一進会《かんこくいっしんかい》という民間団体が日韓合併の声明書を出したのはその一例である。

といっても、日本はまだまだ日韓併合には慎重であった。というのも、日本が朝鮮半島を領土とすることに対して、列国や清国がどのように感ずるかを気にしたのである。

そこで、日本は関係国に併合の件を打診したところ、米英をはじめとして、どの一国として反対しなかった。彼らの条件としては、「すでに韓国と結んだわが国の通商条約を廃止しないでくれ」ということだけであった。日本と同様、韓国も不平等条約を結んでいたので、列国はきわめて低い関税で韓国に商品を輸出していた。それを併合後も続けたいという、ムシのいい条件である。また、イギリスやアメリカの新聞も、東アジアの安定のために日韓併合を支持するという姿勢を示した。これを見て、日本は初めて日韓併合条約を結ぶことになった。

日韓併合は、このような慎重な手続きを経て実現されたのであり、国際的に見て一点の非の打ちどころもない条約をもって成立した。一国も反対した国がなかったことをここで強調したい。

日韓同祖論が併合を推し進めた

韓国の併合が行われた最大の直接要因が伊藤博文の暗殺だったわけだが、それとは別に、当時、〝日韓同祖論《どうそろん》〟という話が日韓双方でかなり広汎《こうはん》に信じられていたことも、この併合を推し進める要素となった。

日韓同祖論とは読んで字の如く、日本人と韓国人の先祖は共通であるという考えである。

たしかに『日本書紀』や『古事記』などを読むと、古代において日本と朝鮮南部（百済《くだら》）は、文化的に同じグループに属していたことを示す記述がたくさんある。また、シナの文献（『三国志』の「魏志東夷伝《ぎしとういでん》」）も、北九州の日本人と南朝鮮の人間をともに「倭《わ》」としているから、当時のシナ人も、この両グループが同じ文化に属する同一種族と見ていたことが分かる。

南朝鮮と日本のどちらが〝兄〟でどちらが〝弟〟かは、もちろん定かではない。もともと同じ民族であったのが二つに分かれて朝鮮と日本に到達したのだと考えることもできるし、日本の北九州にいた人間が南朝鮮に渡ったということも、あるいはその逆も考えられるであろう。ただ間違いないのは、紀元四世紀の終わり頃から七世紀にかけて、南朝鮮と日本が大変緊密な関係にあったということである。

当時の南朝鮮には、日本人が住む任那《みまな》というコロニーがあったことが『日本書紀』などに記されていて、この任那と百済が協力して北部朝鮮の新羅《しらぎ》に対峙《たいじ》していた。さらにこの任那を通じて、四世紀末頃から日本も百済と同盟し、新羅と戦うことになったのである。この同盟関係は、六六三年の白村江《はくすきのえ》の戦いで日本・百済連合が唐《とう》・新羅連合軍に敗れるまで続いた。

そして白村江の戦いで敗れた日本軍は、百済の難民を日本に引き連れて帰ってきた。これは先の敗戦の時、朝鮮半島から多数の引揚げ者が日本に帰ってきたことを連想させるような出来事である。

さらに言語の面から見ても、当時の日本と南朝鮮（百済）の言語は非常に近い関係にあったと思われる。ひょっとしたら、現代の沖縄方言と標準日本語ぐらいしか違わなかったのかもしれない。

残念ながら、古代の南朝鮮でどのような言語が話されていたかは資料が残っていない。しかし、百済から日本に帰化した人々の活躍を見ると、似た言語を話していたと考える以外に解釈のしようがないのである。

第一、百済をなぜ「くだら」と訓《よ》んだのか分からない。おそらく百済語なのだろうが、いまでは確かめようがない。「奈良」という語と関係があったという説もあるが、すると奈良に住んでいた百済人と古代日本人は同族みたいなものということになる。

たとえば、百済から帰化した人物のなかで最も有名な人に王仁《わに》がいる。彼は日本に『論語』や『千字文《せんじもん》』（注1）を紹介したことで知られているが、その一方で、日本の和歌の父のように崇《あが》められていた。『古今和歌集《こきんわかしゅう》』の仮名序《かなじょ》で編者・紀貫之《きのつらゆき》は、王仁の、

難波津《なにわづ》に　咲くやこの花　冬ごもり　今は春べと　咲くやこの花

という歌を紹介して、これは「歌の父母のように」して誰もが手本にするべき歌である、と書いている。

百済人・王仁の作品が和歌の手本として使われたという事実は、まさに驚くべきものがある。当時の百済と言えば、日本にとってみれば先進国である。王仁自身も、日本に来て『論語』を講義したと言われるくらいだから、シナの学問素養を身につけた一流の

教養人ということができるであろう。そのような人物が来日してから和歌を詠み始めたら、日本人までが手本にするような作品を作ったというのである。現代に置き換えてみれば、オックスフォードやケンブリッジから日本に英文学を教えにきた学者が見事な和歌を作り、しかもその作品が「和歌の父」として手本にされているというようなことなのだ。

このようなことが実際に起こったのは、彼の母国語が日本語ときわめて近かったからとしか考えられない話である。アメリカ生まれのT・S・エリオットが、同じ英語国のイギリスに帰化してイギリス現代詩の大宗《たいそう》になったことなど、ヒントになるのではないか。

もし、百済の言葉が日本語と遠く離れたものであったら、王仁も日常会話などはできたであろうが、日本人の感性を素直に動かすような歌を詠むところまではいかなかったと思われる。やはり、彼にとって日本語は親しみやすい言語であったのだ。

（注１）千字文　南朝、梁《りょう》の武帝が周興嗣《しゅうこうし》に命じて作らせた、すべて異なる一千字からなる韻文《いんぶん》。文字習得のための教材、習字の手本として中国・日本で広く用いられた。

日本のカミと朝鮮のカミ

また、さらに付け加えれば、信仰の面においても南朝鮮と日本はきわめて近かった。「かつて朝鮮半島南部には神道があった」ということは、いまの多くのコリア人は知らないようだが、コリアに仏教や儒教が伝来する前には日本と同じような神道があって、同じようにカミを信じていたのである。

残念ながらいまやその痕跡《こんせき》は、コリアでは民間信仰として巫女《みこ》さんが祈禱《きとう》するということぐらいにしか残っていないが、最近の歴史研究では、古代の南コリアも日本も宗教的には同じ文化圏にあったことが明らかになっているのだ。

現に日本の神社には、朝鮮系のカミを祀《まつ》っているところが多く存在する。『日本書紀』などの記述を見ても、たとえば秦氏《はた》は応神天皇の頃、百済から来朝した弓《ゆ》月君《づきのきみ》を祖とする氏族であるが、京都伏見《ふしみ》に稲荷大社《いなりたいしゃ》を作っている。また、洛西《らくせい》の松尾大《まつのおたい》社《しゃ》も秦氏が神職を務めていた。日本に来た百済系の人が何の抵抗もなく神社を作るというのは、彼らが元来、神道と同じ信仰形態を持っていたということの証拠にほかならない。

さらに重要なことは、秦氏が神社を持つことを、朝廷も当然のこととして許可しているという事実である。これは当時の日本人も、彼らのカミは自分たちと同質のものであるという感覚を持っていたから、帰化した百済人が神社を持つことを許したのだ。北九州の豪族に対するのと本質的に違っていなかった印象を受ける。

桓武《かんむ》天皇の母は、遠い先祖を辿れば百済人系であった。そのような家系環境が即位の邪魔にならなかったというのは、やはり同じカミを祀っているという感覚があったからでもあろう。また百済は、日本の朝廷に何人もの妃を奉《ささきたてまつ》るのが普通であった。桓武天皇の時代にも、何人か百済系の豪族から出た妃がおられる。それが皇室継承問題と絡《から》み合わないのは、日本は断乎《だんこ》たる男系即位だったからである。比喩的《ひゆてき》に言えば、日本の皇位継承は「種の継承」であり、「畑の継承」でないからである。

ここでもう一つ例を挙げよう。

唐の侵入で百済が危機に瀕《ひん》した時、日本の援助を得て善戦したものの、内紛によって暗殺された百済の名臣に鬼室福信《きしつふくしん》という人がいた。この人の縁者、鬼室集斯《しゅうし》は日本に亡命してきて、天智《てんじ》天皇より数百人の百済の男女とともに近江《おうみ》に土地を与えられた。集斯の墓は、その地の鬼室神社（滋賀県蒲生《がもう》郡日野町《ひのちょう》）の境内《けいだい》にある。墓石が後代に建てられたものであれ、その神社が存在するということは、彼らが日本人と同族だった、少なくとも同一宗教だった証左と言えよう。

このように、言語から見ても信仰から見ても、古代において日本と百済はきわめて近しい関係にあったと言って間違いない。

韓国に対する人種差別はなかった

話を戻せば、日韓併合を考える場合、日韓同祖論が当時、盛んに言われていた事実を抜きにするわけにはいかない。それは韓国人によっても主張されていた。

日韓併合は戦後になって、「あれは植民地支配だった」という言われ方をされてきた。たしかにある意味では、植民地支配のカテゴリーに入るだろう。だが、この頃の日本人としては、「もともと日韓両民族には同じ血が流れているのだから、日韓併合はイギリスがインドやアフリカを支配するのとはわけが違う」と心から信じていたのである。

つまり、「日韓併合は西洋諸国のような植民地支配ではない」というのが当時の考えであり、朝鮮人たちも日本国民であり、彼らを被支配者として扱わないということにした。だからコリア人に対して、すべて日本国籍を与えた。法制上の問題もあって実現こそ遅れたが、コリア人にも選挙権や被選挙権を与えている。日韓併合の原則は〝内鮮一体〟、つまりコリア人も日本内地の人も同じだということであった。

さらに付け加えれば、日韓併合後、李朝《りちょう》の一族は王公族として皇族に準ずる扱いを受けたし、両班《リャンパン》と呼ばれた韓国の名族も、朝鮮貴族として日本の華族の栄爵《えいしゃく》を受けた。そして李王の世子《せいし》、李垠《りぎん》殿下には皇室より配偶者を出されたのである。

このような措置が採られたのも、結局は「日本人もコリア人も同じ血を引いている」という感覚があったからにほかならない。もし欧米人のように、日本人がコリア人を劣等民族として差別していたのであれば、韓国の王族や両班を日本の皇族や華族と同列に置くということは絶対にありえない話であろう。

個人レベルの話で言えば、コリア人に対して差別の感情を抱いていた日本人もあった。これは否定し難い事実である。だが、当時の欧米における意味での人種差別はなかった。日本人とコリア人との通婚は、理念的に奨励されていたからである。

事実、私の知っているコリア人で、戦前日本の大学に留学して不当な差別を受けた経験を語った人は一人もいない。差別を経験した人たちは、貧しい移民として日本に渡った人たちが主であろう。戦前の日本では、日本人同士でも貧富の差別は相当酷かったのだから。

イギリス王族の娘がアフリカの酋長《しゅうちょう》の息子、あるいはインドのラージ（王）の息子と結婚することは、夢にも考えられない話だった。少なくとも大東亜戦争終了以前は、有色人種、あるいはハーフと正式に結婚したイギリス人は、イギリスのクラブや社交界から自動的に追放され、また主要ホテルにも宿泊できなかったのである。

少なくとも国家レベルでは、日本政府はあくまでもコリア人を日本人として扱っていた。それは根底に、「日本もコリアも同じ血を引く民族である」という理念があったことが一つの理由であったろう。

“歴史慣れ”していなかった日本と韓国

いまから四十余年ほど前、復活祭のシーズンにベルギーのベネディクト会修道院に滞在中、韓国出身の金《キム》君という人と同室になったことがある。彼は、たしか医学専攻の学生であったと記憶しているが、私とは大いに気が合ったので、お互いに心を開いていろんな話をした。年齢も同じぐらいだった。そのとき、何がきっかけであったかは忘れたが、彼が私にこういう話をしてくれた。

「僕は戦前に一度、日本に修学旅行に行ったことがありますよ。そのときの第一の目的地は伊勢神宮でした。引率の先生が僕らに向かって、『いまでは朝鮮人と日本人との区別があるが、もとは同一の民族であるから、共通の先祖として伊勢神宮に参拝するのだ』と言われました。僕らは真面目にそう信じて拝みました」

これを聞いて、私は心底びっくりした。日韓併合は日韓同祖論が理念となっていたことは知っていた。しかし、それが日本人のみならず、コリア人の間にも定着しつつあったとは、その話を聞くまで知らなかったからである。

そのとき、私は金君に次のように言ったと記憶している。

「結局、我々は歴史慣れをしてなかったのだね」

この言葉には金君も同意した。

〝歴史慣れ〟というのは、民族や国家の関係が複雑なヨーロッパ人なら日韓併合をやらなかっただろう、というほどの意味である。

「血は水より濃し」という言葉があるが、ヨーロッパ人が数えきれないほどの戦争をしてきて学んだのは、「歴史は血よりも濃い」という事実であった。

たとえば、ドイツとオーストリアは、言語も民族も同じである。また、ドイツとオランダもそうである。ドイツ人を意味するドイツ語「ドイッチェ」(Deutsche) とオランダ人を意味する英語「ダッチ」(Dutch) は元来、同じ単語なのだ。しかしだからと言って、ドイツはオーストリアやオランダと合併しようとしない。なぜなら、血縁関係がいくら近くとも、合併してしまうといろんな問題が出てくるのを知っているからである。

なぜかといえば、別々の国として歩んできた歴史が長いからである。長い時間が経つうちに、国情も国民性も違ってきた。それをいまさら一つにしてもマイナスのほうが大きいのは分かりきっているとして、誰も合併しようとしないのである(ただ例外はヒトラーで、彼は独墺〈どくおう〉併合をやったがやはり失敗で、併合されたオーストリアは戦後、独立を回復した)。

「日韓併合条約は無効」という暴論

日韓併合は、いまから考えるとやるべきではなかった。

もともと日本とコリアは部分的には同じ民族であったわけだが、それは大昔の話で、その後の歴史によって、いまでは言語も習慣も宗教も何もかも違う。百済人も言語を失ったのではないかとも思われる。共通点を探すほうが難しいくらいである。ドイツとオーストリアの差などとは比べものにならない。

　それを併合すればどちらも不幸になるのは当たり前の話なのだが、当時の日韓両国どちらにもそのようなセンスがなかった。つまり、〝純情〟だったのだ。日韓同祖論を素直に信じ、二つの国が一緒になることが幸せであると無邪気に考え、コリア人も日本人も日韓併合に向かって動いたのである。

　それにつけても悔やまれるのは、「もしあの時、伊藤博文が安重根に暗殺されていなければ」ということである。

　すでに述べたように、伊藤は韓国を併合したり、植民地化することに反対していた実力者である。彼がもし天寿《てんじゅ》を全《まっと》うしていたら、韓国は日本の保護下で近代化を進め、やがては外交権を回復していたかもしれないのである。

　現代韓国では、安重根のことを「民族の英雄」として教えているという。しかし、彼のやった行為がどれだけ歴史をマイナスに変えたかということを考えてみると、はたして単純に英雄として持ち上げていいものか、甚《はなは》だ疑問である。もちろん、韓国には韓国なりの歴史観があっていいとは思うが、伊藤博文のことを「コリアの敵」として暗殺したのは、どう考えても筋違いであった。

それに、テロリストを英雄にするのはみっともない。堂々と戦った李舜臣《りしゅんしん》（注1）ならわかるが、テロリストが英雄では、まともな戦士・軍人が当時の朝鮮にはいなかった証拠になると私には思われる。たとえば日露戦争の時、一連隊でも率いて日本軍に協力する朝鮮軍がいたら、日本人は挙げて感激し、全く違ったほうに話が進んだであろう。

もう一度強調しておきたいが、日韓併合は不幸な結果を生んだかもしれないが、併合までの手続きはあくまでも正当に行われたものである。また、その後の処遇に関しても、コリア人に日本国籍を与えて、公的な面における差別を解消する方針であった。ただ、徴兵とか帝国議会への参加は時期尚早ということで実現しないでいた。

しかし、軍人でも親補職《しんぽしょく》にはコリア人がいて、中将になった人もあった。「親補職」という単語は現行の『広辞苑』にも収められているが、官吏中の最上級で、天皇に直属して他の政府機関の監督を受けないという大変な地位である。若い世代でも、のちに韓国大統領になる朴正熙《ぼくせいき》青年は、士官学校を出て日本陸軍の少尉に任官している。これは当時の国際常識から見れば、例外的と言っていいほど人道的なやり方であった。

ところが、敗戦後はこうした事実を無視した議論が横行し続けた。しかもその傾向は、最近になってさらに強まる一方である。

その最たる例が、「日韓併合条約は無効である」というような理屈である。日本が大韓帝国に武力で押しつけた条約であって、コリアにとって本意ではなかったというのが理由のようだが、国際社会においてそんな暴論は通用しないであろう。

完全にイーブンな立場で結ばなければ正当な条約とは言えないというのであれば、世の中にまともな条約は一つもあるまい。たとえば、「日本がポツダム宣言を受諾したのは、連合国の圧倒的な武力の前にしぶしぶやったことであって、あれは無効だ」と言ったら、世の中の誰がまともに取り上げてくれるであろうか。

こんなに極端な例でなくとも、たとえば幕末に日本が締結した通商条約も、列強のほうが圧倒的に有利な状況で結ばれた条約である。前にも書いたように、この条約において日本には関税の自主権もなく、在日外国人を裁く権利も与えられなかった。

しかしどんなに不利な条約であっても、いったん結ばれたらそれを誠実に履行《りこう》するのが国際社会の常識というものである。実際、明治の日本人たちも不平等条約に対しては不愉快な思いもあったが、だからといって「これらの条約は無効である」などとは一言も言わず、ひたすら実力を貯《たくわ》え、近代国家としての制度を整えたうえで、外交交渉によってこの条約を改正しようと必死になって努力した。

しかも、この日韓併合条約に関して言えば、すでに述べたように当時の国際社会の主要メンバーがみな事前に承諾していた。英米のマスコミさえも大賛成した。

あらゆる点において、日韓併合条約は正規の条約であり、日韓併合は適法に行われた。湾岸戦争でイラクがクウェートを〝併合〟したのとはわけが違うのだ。

聞くところによると、北朝鮮当局は日本政府に向かって「あの条約の書面には当時の韓国皇帝の署名がないから無効である」ということを言い立てているというが、ここまで行くともはや理屈にもなっていない。

たしかに、日韓併合条約には皇帝の署名はない。全権大使として、当時の李完用《りかんよう》首相が皇帝の代わりに署名をしているのだから当然の話である。

国家元首が条約にサインしないかぎり無効であるとしたら、これまた世の中に有効な条約はほとんどなくなってしまう。日本の場合だと、天皇の臨席がなければ条約が結べないことになってしまうではないか。

（注1）**李舜臣**（一五四五〜一五九八）　豊臣秀吉の朝鮮出兵（文禄《ぶんろく》の役・慶長《けいちょう》の役）の折に活躍した李朝水軍の名将。日本水軍を相手に奮戦したが、慶長の役の露梁《ろりょう》海戦において戦

死。

戦後補償論は〝国賊的無知〟

さて、昭和四十年（一九六五）、日韓基本条約が締結されるときにまず問題になったのは、この日韓併合条約であった。つまり、「日韓併合条約は合法かつ有効な条約か」ということである。

このときの日本側の関係者たちの主張はまことに筋の通った話で、いま考えてみても「よくぞ言ってくれた」という思いがする。

「日本が韓国に復興資金を出すのはやぶさかでない。喜んで資金提供をするつもりだ。だが、それを日韓併合の賠償金として支払うのは拒否する。なぜなら、日韓併合条約はまったく正しい手続きを経て締結されたものだし、諸外国もそれを承認した正規の条約である。正規の条約によって発生した行為に〝賠償金〟を払うことは、国際的に許されるわけがない」としたのである。

これは、まさに正論である。もしここで日本が賠償を払って〝悪《あ》しき先例〟を作れば、誰も条約を結ぼうとはしなくなるであろう。その時は正当な条約とされていたのが、あとになって「あれは犯罪的条約だ」とされるのでは、オチオチ条約など結べない。したがって、日韓併合条約を合法と主張するのは日本のワガママでも何でもなく、国際社会での〝筋〟は曲げられないという責任感なのである。

この日本の主張を、当時の朴正煕大統領は受け容れた。これもまた素晴らしい決断である。韓国の世論が朴大統領の真意も知らず、非難してくるのは目に見えているのだから。

日韓併合条約は有効である――この一点について合意ができれば、あとはスムーズに進んだ。日本は韓国に無償贈与として三億ドル、借款《しゃっかん》五億ドルを提供、韓国のほうは対日賠償を一切求めぬということになった。

したがって、この基本条約以後、いやしくも政治にかかわる人間が〝戦後補償〟などということを持ち出すのは日韓基本条約破りであり、国際常識がないと非難されても文句は言えないはずである。

このような戦後補償論が出てきた背景としては、国交回復当時の事情を知らぬ戦後生まれの政治家と官僚が日本に増えてきたことが大きいであろう。彼らは、自分が〝無知〟であることを知らないのである。それは〝国賊的無知〟と言ってよかろう。いまさら戦後補償をするなど、国際的な常識から言えばナンセンス以外の何物でもない。

考えてみるがいい。このようなことが許されるのであれば、東京など無差別爆撃の被災者はその爆撃に対し、また広島や長崎の被爆者は原爆投下に対する賠償をアメリカに要求できるという話になるではないか。

北朝鮮に対して戦後補償をしようというに至っては、言語道断の暴論である。

そもそも日本は「朝鮮における唯一の合法政権である」として、韓国と基本条約を結んだ。北朝鮮に対して戦後補償をするというのはこの大前提をひっくり返してしまうということになるわけなのに、いわゆる金丸《かねまる》訪朝団は「北朝鮮に対して戦後の償いをする」と宣言をした。こんな馬鹿な話はない（もっとも、金丸信《しん》は当時、きわめて有力な政治家ではあったが、日本政府を代表する資格を持っていなかった。だから、日本はこの放言に拘束される必要はないことを改めて指摘しておく）。

この声明が、日本に対する請求権を放棄した韓国のことをまったく蔑《ないがし》ろにしていることとは言うまでもないが、それ以上に問題なのは、金丸訪朝団の連中が、示談の意味をまったく理解していなかったという点である。

これは言ってみれば、交通事故で亡くなった人の遺族と示談をし、見舞金を払って解決したのに、わざわざ別の人にもカネを払うようなものである。そんな愚かなことをする人が、どこの世の中にあるだろうか。たとえ先方が「本当の遺族は自分であって、お前は別の人間に払ったのだ」と主張していても、そんな話を聞く必要はない。第一、「そんなことをあとから言い出してカネをせびるような人物にロクなやつはいない」というのが、一般人の常識ではないか。

ところが、金丸や田辺誠《たなべまこと》という政治家たちは、お人好しにも「示談のカネをもう一度払う」と言ってしまった。こういう言葉は戦時中に濫用《らんよう》されたからあまり使いたくないが、彼らのような政治家のことを、まさに〝国賊〟というのではないか。国賊の本来の意味は、「自国の利益を損なう人」ということである。

日韓併合条約は合法かつ有効な条約だったことは、日本と韓国の間で合意に至っている——日韓関係を考えるうえで、このことは明確に認識しておく必要がある。

日韓関係を結論的に言えば、昭和五十九年（一九八四）に来日した全斗煥《ぜんとかん》韓国大統領のための宮中の歓迎晩餐会《ばんさんかい》において、昭和天皇がご挨拶されたお言葉が、簡にして最も要を得ていると思う。次のような主旨であった。

「日韓両国の間には、二十世紀前半において不幸な関係がありました。このようなことは再び繰り返してはなりません」

然《しか》り。再び繰り返してはならないのだ。コリア人も悔しい思いをしたろうが、日本も莫大な犠牲を払って、結局、恨まれただけであり、全くの損だったのである。あんな関係が二度と繰り返されてはならない。

本書は、弊社より二〇一〇年五月に発刊された『渡部昇一「日本の歴史」第5巻 明治篇 **世界史に躍り出た日本**』を、改訂した新版です。

渡部　昇一（わたなべ・しょういち）

上智大学名誉教授。英語学者。文明批評家。1930年、山形県鶴岡市生まれ。上智大学大学院修士課程修了後、独ミュンスター大学、英オクスフォード大学に留学。Dr. phil., Dr. phil. h.c.（英語学）。第24回エッセイストクラブ賞、第1回正論大賞受賞。著書に『英文法史』などの専門書、『文科の時代』『知的生活の方法』『知的余生の方法』『アメリカが畏怖した日本』『取り戻せ、日本を。安倍晋三・私論』『読む年表 日本の歴史』などの話題作やベストセラーが多数ある。

渡部昇一「日本の歴史」第5巻　明治篇

世界史に躍り出た日本

2016年2月26日　初版発行

著　者　渡部　昇一

発行者　鈴木　隆一

発行所　ワック株式会社

東京都千代田区五番町4-5　五番町コスモビル　〒102-0076
電話　03-5226-7622
http://web-wac.co.jp/

印刷製本　図書印刷株式会社

ISBN978-4-89831-733-4

好評既刊

渡部昇一「日本の歴史」7 戦後篇
「戦後」混迷の時代から
渡部昇一
B-222
戦後、米軍占領期から今日まで七十年の日本の歩みとその核心部分を的確に捉え、歴史的意味をとにかく分かり易く解説。日本人のための本当の歴史誕生！
本体価格九二〇円

渡部昇一「日本の歴史」6 昭和篇
自衛の戦争だった「昭和の大戦」
渡部昇一
B-227
日清・日露戦争以後の日本を取り巻く国際情勢の的確な分析と日米関係の諸事実を紐解きながら、「昭和の大戦」の本質に迫ったまさに日本人必読の書！
本体価格九二〇円

読む年表 日本の歴史
渡部昇一
B-211
日本の本当の歴史が手に取るようによく分かる！　神代から現代に至る重要事項を豊富なカラー図版でコンパクトに解説。この一冊で日本史通になる！
本体価格九二〇円